中国少年「新旅」路

邹雷 著

山西出版传媒集团
·太原·

北岳文艺出版社
BEIYUE LITERATURE & ART PUBLISHING HOUSE

图书在版编目（CIP）数据

中国少年"新旅"路/邹雷著.— 太原：北岳文艺出版社，2022.8

ISBN 978-7-5378-6616-3

Ⅰ.①中… Ⅱ.①邹… Ⅲ.①纪实文学—中国—当代 Ⅳ.① I25

中国版本图书馆 CIP 数据核字（2022）第 156046 号

中国少年"新旅"路

邹雷／著

//

出品人
郭文礼

选题策划
韩玉峰

责任编辑
王国柱

助理编辑
金国安

书籍设计
百悦兰棠
【BAIYUE LANTANG】

印装监制
郭 勇

出版发行：山西出版传媒集团·北岳文艺出版社

地址：山西省太原市并州南路 57 号

邮编：030012

电话：0351-5628696（发行部）　　0351-5628688（总编室）

传真：0351-5628680

印刷装订：山西润金容印业有限公司

开本：787mm×1092mm　　1/16

字数：164 千字　　印张：14.25

版次：2022 年 8 月第 1 版

印次：2022 年 8 月 山西第 1 次印刷

书号：ISBN 978-7-5378-6616-3

定价：68.00 元

目 录

下部　薪火相传

>>> 引 子

淮安历史悠久，地理位置独特，自古是南船北马的交汇地，素来扼东西据南北，从东晋到明清，一直作为郡、州、路、府的治所。随着漕运事业的兴起，明清两代均在此设立漕运总督部院，是两朝中少有的在京城外设立的中央政府机构，更加彰显了淮安的历史和经济及军事地位。

大运河，曾经的中国南北交通大动脉。南来北往的船队，带来了丰富的物资以及信息流；各路商贾云集，带来了大量的现金流和各种人才……多种资源汇集，使淮安成为大运河上繁盛一时的商贸重埠，曾与苏州、杭州、扬州并称为大运河沿线的"四大都市"。

这是一片人杰地灵的土地，生长着各式各样的传奇：漂母进食拯英雄、韩信胯下之辱、女英雄梁红玉亲执桴鼓激战黄天荡、民族英雄关天培血战虎门、吴承恩妙笔写出《西游记》等等。这其中，还有一个让世人瞩目的少年群体——新安旅行团，它充满神奇的色彩。这是一所行走的学校，一群宣传抗日的小好汉，怀着"我们要把中国来改造"的雄心，足迹经过 22 个省（市），历时 17 年，行程 5 万多里，孩子们用行动践行陶行知先生"生活即教育，社会即学校"理念，谱写了中国少年儿童革命团体史诗般的光辉篇章。

在新安旅行团事迹的影响下，母校新安小学师生以新旅的壮举为骄傲，以传承新旅的精神为方向，敢为小先生，能做小主人，争当小好汉，以实际行动破教育难题，擦亮道德底色，塑造人生辉煌，续写了新时代新安旅行团的崭新篇章。

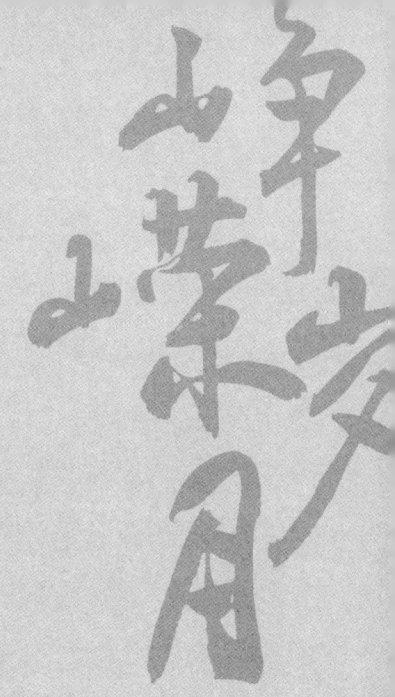

上部
峥嵘岁月

>>> 灵王庙变学校

千里流淌的大运河淮安段，有一座美丽的河下古镇，它如同一枚裹着历史包浆的古董，让人叹羡，令人向往。明清两代，这个小镇竟然出过 67 名进士、123 名举人，为官者无数，仅入朝当翰林的就有 12 人，被誉为"进士之乡"。

明清时，由于清江督造船厂设于清江浦，河下成为漕船零部件配套加工基地，同时河下还是淮北地区盐集散地，吸引了大批山西、陕西、安徽、江西与福建等省商人来此投资、定居，河下古镇因此成为那个时代最为瞩目的繁华古镇。

相传，有个被撤职的盐官返乡途中，由扬州乘船沿运河北上，经过河下古镇，在湖嘴码头停船登岸散步，见萧湖边上有座庙，便走了过去，门头上"灵王庙"三个字赫然在目，只是油漆已经剥落。他轻轻推开摇摇欲坠的庙门，见荒草长满了庭院，眼前景象与自己的命运倒是非常贴近，也乃凄凉。不过，既然是灵王庙，顺便拜拜，说不定灵验呢。他便在灵王像前祈祷，默默许愿："倘若灵王保佑我官复原职，一定为您贴金修葺。"巧合的是两年后，他如愿以偿恢复了官职。

上任后，就委派在河下经营盐业的徽州富商，替他把这座茅庵改建成非常气派的庙宇。

到了乾嘉时期，河下古镇盐、粮生意鼎盛，外地来经商的人日益增多，为了联络乡谊，抱团参与商业竞争，纷纷建立了同乡会馆。徽州又名新安，所以安徽商人的同乡会馆被称作新安会馆，该馆设在萧湖边的灵王庙内，并根据章程规定，筹资增购田产，用田租收入作为会馆的经费。

河下是典型的"因运而兴，因运而衰"的古镇。清末，由于淮北地区食盐集散中心移至王家营的西坝、漕粮由河运改为海运等原因，河下古镇逐渐衰落。到了二十世纪二十年代，商业已经远不如从前景气，各商会也相应出现颓势。新安会馆内部矛盾凸现，为了争夺会馆财产的管理权，同乡会的朱耀华、吴季贤和会馆最后一任管事人吴俊卿发生了矛盾。

吴俊卿的地位岌岌可危，随时都有被拉下马的可能。在形势于他极其不利的情况下，他想到了教育界的安徽籍名人陶行知，假借推行其全新的办学理念，在会馆建一所学校，以期让对手占有会馆的梦落空。

陶行知是安徽歙县人，早年在美国哥伦比亚大学攻读教育学博士，回国后，相继任南京高等师范学校、国立东南大学教授、教务主任等职，在国内率先提出了"生活即教育""社会即学校""教学做合一"等教育理论。他认为在3亿多农民中普及教育至关重要，并在南京北郊创办培训乡村教育师资的晓庄学校，还创办了中国第一个乡村幼儿园——燕子矶幼稚园，实践教育从幼儿抓起的理念。他的宏愿是"四百万工程"，即筹募一百万元基金、征集一百万位同志、创办一百万所学校、改造一百万个乡村。在那个混沌的年代，能有这样晴天霹雳的计划，着实令人耳目一新。

吴俊卿以徽州同乡的身份到南京拜会陶行知先生，愿意将新安会馆拿出来当学堂，邀他派人到淮安去办学。不明就里的陶行知对吴俊卿的办学愿望颇为赞赏，当即决定委派晓庄师范学生李友梅、蓝九盛等三人前往淮安落实办学的相关工作。

三人到达淮安开展工作，新安同乡会与会馆的矛盾再起，李友梅才弄清吴俊卿的真实意图。这三位青年胸怀普及乡村教育的宏大志向，凭借陶行知的威望，和吴俊卿反复较量，与他的对手反复协调，在徽州旅宁和旅淮同乡会的共同支持下，这才把吴俊卿的骗局弄假成真，办成了一所小学。

因为陶行知出生于新安江畔，校址又是徽州会馆，于是这所小学便取名为"新安小学"，校长由陶行知兼任。1929年6月6日，鞭炮齐响，新安小学喜气洋洋地正式挂牌。

新安小学的学生由"走读生"和"基本学生"两部分组成。"走读生"不难理解，全是学校附近的贫苦农民、渔民和小商贩的子弟，农忙的时候他们在家参加生产劳动，农闲的时候到校学习文化知识，学生自备学习用具，学校不收任何费用。"基本学生"是全职在校生，也以贫苦家庭的孩子为主，免费吃住在学校，由学生自己民主管理学习、生活和生产劳动。

不收学费，学校运行的费用从哪里来呢？主要由庙产田租来解决，每年有200~300元的租金收入；其次，县教育局每年补助100元；再次，新安小学作为晓庄学校主办的实验小学，每月有50元的经费补助。

"基本学生"的生源从何而来呢？让我说说曹维东入学的故事吧。

曹维东是淮阴五里庄人，五岁丧父，家境越发困难，到了十岁那年，日子实在过不下去，母亲带着他到县城投靠伯父。伯父将母亲安排到教堂里当保姆，把曹维东送到裁缝店里当学徒。那个年代拜师学艺有条规矩，需要摆两桌酒以谢师傅收徒之恩。曹家穷得叮当响，筹不到这笔办酒席的钱，全家一筹莫展之际，正巧新安小学的校董曹天任来串门，他得知这一情况后，立即表态，可以将孩子送到淮安新安小学念书。

曹母为难了，苦着脸说："拜师宴都办不起，哪有钱给他上学呢？"

"新安小学是陶行知办的，学生上学不要钱。"曹天任肯定地说。

"这不是天上掉馅饼吗？"曹母不敢相信。

喝了一杯茶，聊了聊曹家关心的新安小学情况后，曹天任叫来了一辆黄包车，一撩长袍坐上去。座位被他肥大的身体给占满了，瘦小的曹维东只能坐在下面的踏板子上。

曹母看着远去的黄包车，不放心地对伯父说："他不会把孩子拐去卖了吧？"

伯父肯定地说："不会的，他不是那种人。"

这是曹维东头一次坐黄包车，尽管是坐在踏板上，但一路观光，非常惬意。就这样他成了河下古镇莲花街上新安小学的一名"基本学生"。

也有些有先见之明的学生或家长，赞同新安小学的办学理念，主动报名或送孩子来当基本学生。

沭阳县钱集乡的少年张牧，家里太穷，没有衣服穿，经常光着身子为富人家放羊、放驴、割猪草，受尽白眼和打骂。舅舅嵇矞青在上海做事，为了培养张牧，将他接到涟水县古寨老家，送到张官荡小学读书。

三十年代初，革命的高潮风起云涌，反帝反封建、追求民主进步的思想开始在校园内传播，少年张牧也受到了潜移默化的影响。已经读了一年级的张牧，听说淮安河下古镇有一所不收学费且勤工俭学的学校，懂事的张牧决心不再依靠舅舅，提出到新安小学就读。舅舅嵇翥青思想开明，对陶行知的办学理念十分赞同，不仅同意了外甥张牧的要求，还让自己16岁的二儿子嵇钰、8岁的表弟曾里一同到新安小学就读，他们共同成为该校的基本学生。

新安小学的老师都是晓庄学校的毕业生，后来为了加强对新安小学的领导，汪达之被委派前来当校长。

汪达之是安徽省黟县碧山村人，曾就读于安徽省立第一师范和省立第一中学，毕业后在繁昌县平沟铺和望江县吉水镇当了两年多的小学教师。在乡村小学教育的实践中，他体会到陶行知提倡的改造中国乡村教育运动的意义。25岁那年，他到南京报考晓庄学校，虽成绩达标，但因身体虚弱，没被录取。他一连5天在陶行知可能经过的路边等候，终于见到陶先生，当面提出了求学的愿望。陶先生被这位青年渴望求学的精神深深感动，批准他成为晓庄学校的第四期学生。

汪达之初来新安小学时，莲花街的菜农们还在学校内供奉着菩萨。泥菩萨在菜农精神世界里占据着重要的位置，天旱天涝、人生不顺……人们便会去求菩萨保佑。不请走菩萨，不仅学校规划受到影响，学生的思想也会受到影响——孩子们的成绩不好，或许也会学菜农去求菩萨、抱佛脚。经过汪达之耐心说服，菜农们最终同意"请出"菩萨。

新安小学的课程不单纯是读书，还有生活和生产劳动，目的是把学生培养成具有"健康的体魄，生产的技能，艺术的兴趣，征服自然的本领，改造社会的精神"的人。

学校需要砌一圈围墙，汪达之带着一群小孩子们一起干。

附近的老乡看不下去了，说："老师和小孩子都是书生，怎么能干这种粗活？尤其是才十多岁的毛孩子，手提不起四两。我们替您干，工钱不工钱的不提，管顿饭就行。"

汪达之说："小孩子虽然年纪小，却正是培育自我担当意识的最好时机。砌墙的事孩子们可以学着做，要是遇到困难，我们会找你们的。"

开工前，汪先生要小朋友们一起学习讨论。岁数稍大的朱金山同学见过大人砌墙，说得头头是道，也让小一点的孩子们产生了跃跃欲试的想法。张牧虽然小，但他天生就有主见，根据每个人的体力大小对所有人进行分工，谁运砖，谁拉线，谁掌刀，分得清清楚楚，配合起来也比较顺畅。在砌围墙的过程中，出现了许多情况：砍不断砖，码不齐墙，灰浆或多或少，墙砌歪了、塌了，有人手弄破了，有人累得坚持不下来……尽管遇到了很多困难，但在老师的指导和帮助下，孩子们最终还是砌好了一圈围墙。

看到凝聚着自己血汗的围墙，孩子们兴奋不已。

老乡拐着弯赞叹："我现在都有点怀疑，这哪能是小孩子自己砌的墙！"

浑身是泥浆的曾里小朋友说："要不是亲自参加过，自己也不会相信的。"

这件事在老乡们，尤其是在新安小学孩子们的心中，竖起了一座"小孩子也能办大事"的里程碑。

汪校长还带领学生翻建房屋，把殿堂改作教室和宿舍，把庙中的戏台改造成师生文娱活动的舞台，把空地利用起来栽树养花、种植蔬菜。经过一番努力，学校的环境大有改观，春有花开，夏有树荫，秋有果实，冬有绿色，由古庙改建成的学校焕发出勃勃生机。

在汪校长的循循善诱下，师生们依靠自己的智慧和双手，生活中遇到的一切事情尽量自己干，通过一件件动手劳作的积累，逐步形成了"自我担当"的品质。这种闪光的精神品德，照耀着他们的人生，这也正是日后他们行走万里、宣传抗日的思想基础和精神动力。

新安小学是探索乡村教育的实验园，教学方式与传统方式有"大不同"。学习的内容，除一般文化知识外，每人每天都要坚持写生活日记，每周出版一期十六开本活页杂志型的《莲花周报》，用以刊登学生们的学习成果。每周也安排若干科学实验项目，当时称作"科学把戏"，这些有趣的实验，深深地吸引了孩子们，通过它学习理化和自然常识。

学校附近的菜农、渔民、泥瓦匠都可以成为学生的劳动课老师。就拿学游泳来说，新安小学校舍三面环水，有些河段水相当深，而孩子们又特别喜欢玩水。为了同学们的安全，必须让所有人学会游泳。再说了，游泳也是一门体育课呢！也是水乡孩子们健身的好办法。当地渔民就是最理想的游泳老师，因为他们的孩子还不会走路就学会了游泳。汪校长请渔民张大叔当游泳教练。张大叔让新安小学的孩子分坐在船帮上，等船撑到深水处，说时迟，那时快，他猛地挥动长篙，"噼里啪啦"地将孩子们推到河里。

汪校长虽然曾听说渔民就是用这个办法教儿女游泳的，可他仍然提心吊胆。被推到河里的孩子们，一边拼命挣扎、喊叫，一边往船上爬，手刚抓到船帮，又被张大叔的船篙挑到河里。不过，张大叔的目光紧紧地盯着每个落水者，发现有人沉到水里再也不露头，他就以极快的速度将他揪出来。翻来覆去，不到一周，新安小学的学生都学会了游泳。

要落实"生活即教育"这一全新的教育思想，依靠封闭式、包揽式的管理方式已行不通了，新安小学实行全新的"民主自主"管理方法，让每个人的能力得到均等、充分的发挥。学校实行值日生制和轮流担任"小主席"制，倡导学生自主管理自己的学习、生活，自己买菜，自己做饭。学生每天要运动一次，喝五大碗开水，定时大便，养成良好的生活习惯。孩子们必须认识夜晚常见的 12 颗星宿，知道常用药的功效和使用方法。每天早上有早会，晚上有生活会，对一天的学习生活进行讨论，开展批评与自我批评。学校里推行"小先生制"，同学之间互教互学。这些小先生还定期为村民送学上门，教孩子也教大人，既教识字，也讲国家和社会上发生的大事。因此，新安小学的学生非常受当地村民的欢迎。

新安小学堪称中国素质教育最早的试验田，"生活即教育"的教育理念在这所学校里得到了充分体现。

正当新安小学教育事业顺风顺水的时候，南京晓庄学校被查封。原来南京英商和记洋行工人被殴，日本军舰公然停泊在下关江面，学生们早对在中国横行霸道的外国人不满，在中共地下党的带领下，晓庄学校 100 多名学生上街举行反帝示威游行，声援工人罢工。政府以"散发反动传单，企图破坏京沪交通"为由，勒令停办晓庄学校。陶行知被迫发出《护校宣言》以示抗议，军警随之强行封闭学校，并在学校里抓捕了共产党员石俊、叶刚等人，随后有十人被枪决在雨花台，最小的袁咨桐年仅 16 岁。从此，陶行知开创的"生活教育"事业遭到全面扼杀，除了师范学校本部，还有八所中心小学、四个中心幼儿园、学术研究团体、三所民众学校、联村自卫团、中心木匠店等被一并关闭或解散。陶行知被以"阴谋不轨，安插党羽，企图暴动"的罪名通缉，不得已离开南京，躲到上海隐居起来。

新安小学是晓庄学校的特约实验学校，教师是晓庄学校派来的，经费来源靠晓庄支持，晓庄学校被封闭，新安小学也就更加艰难了。

当晓庄学校被封闭的消息在报纸上报道后，国民党淮安县党部、县政府立刻变脸，教育局也改变了态度，每年 100 元的补助取消。

社会上的谣言像瘟疫一样传开。有的说，新安小学和共产党是一家。有的说，新安师生穿单鞋、挑大粪，不好好读书就是证明。胆子小的人家，不敢让孩子到新安小学读书，学生数量突然减少了三分之一。

尽管如此，远在淮安的新安小学独免于难，成了晓庄系唯一的孤儿，不过，每月享有 50 块大洋的经费保障也没了着落，新安师生的基本生活遇到了天大的困难。

教师的薪水大降。李友梅每月提薪三分之一，台和中每月提薪水二分之一，蓝九盛拿出全部薪水以维持新安小学运行。后来所有人都不拿薪水，连饭也吃不饱。

陶行知正在被通缉中，所有的信件都通过朋友秘密转递。他接到新安小学写来的告急信，立马汇了 30 元钱。叵惜，蓝九盛老师去邮局取出后，途中被扒手偷了。为了度日，蓝九盛和台和中拿出自己的大衣，跑到淮阴去典当，原以为两件大半新的大衣能值二三十元，结果，老板只愿意出两块钱，他俩不得不饿着肚子跑回学校。

实在没辙，汪达之只好提笔再次给避难在上海的陶行知写信，报告学校悲惨状况。远在上海的陶行知看到这封信，心里是何等悲怆不得而知，他立即再次汇款，并回信道：这种事，是你们在长江北岸为乡村教育史写得最悲壮的一页。我们是何等的欣慰，而又是何等的敬佩你们啊！随信还寄来一副陶行知撰写的对联——"捧着一颗心来，不带半根草去"。后来，这副联成为成为许多教师的座右铭。

当时，汪达之的老家还有垂暮老母靠他奉养，可他又不领一文钱，如何是好？于是他只好写信向年迈的母亲表达自己的愧疚："母亲，我每想到不能常常在您面前，又不能多寄一点钱给您用，心里立刻不安起来。但是，立即又叫我转过一个念头来，光是不安是不中用的，还是打起精神做我的事要紧。我发誓要将这些可怜、穷苦无靠的孩子们扶植起来，让他们能得到自己的幸福，还要叫他们能认清谁给了穷苦的罪恶让他们受的……我们本来有一种计划，叫他们可以做工，管自己吃饭穿衣，但被政局和天灾收去了，至今没有办法，不能救出他们的痛苦。"

汪达之是"捧着一颗心来"的人，其内心的挣扎，让我们看到了他的追求和理想。

>>> 到上海去游学

　　接下来的日子越来越难熬，学校面临危境，生源不断减少。李友梅、蓝九盛等人以及晓庄被封后转来的几位老师相继被迫离开，只留下汪达之和台和中两人。到1933年，台和中远上兰州任教，只剩下汪达之一人支撑这所小学。正当他被熬得焦头烂额时，一个化危为机的妙招儿跳了出来——外出修学旅行。

　　新安小学是抱着为生活教育实验的思想兴办起来的，修学旅行正是对陶行知生活教育思想的认同、追随和实验。学校太小，如果把社会变为学校，就能做到这个要求。为了更好地锻炼学生，为了让孩子们在"生活"这本教科书中学习到更多的本领，汪达之校长决定把笼中的鸟放到天空，让他们到十里洋场大上海去闯荡一番。

　　"大人不跟着去，学生们自己组团，"汪达之自言自语地说，"这招是关键。如果由老师带着，体现不了孩子的独立性，那这个活动就变得不值一文。孩子们自己组团是亮点，这才能引起社会的关注，才能成为焦点。"

　　这一招可谓是一石二鸟，一是实践了陶先生的教育思想，二来解决了孩子们饿肚子的问题。新安小学 7 个基本学生虽然都才十几岁，但汪先生相信，只要组织周密，他们完全可以自行而去，胜利返回。

穷乡僻壤里的孩子从没出过远门，要去"冒险家乐园"的大上海，可不是件简单的事啊！旅费从哪里出？安全如何保证？途中孩子生了病怎么办？在上海参观哪些地方？汪达之请孩子们一起讨论这一系列问题。

孩子们自从听说校长要让他们去中国最大、最繁华的都市修学旅行，个个兴奋不已，心里有万马奔腾般地激动。不过这种激情没有持续多久，大一点的孩子最先醒悟过来，"我们离开过父母，但从没有离开过老师。没有老师带，全凭自己走，恐怕不行吧？"

学习生活尽管艰苦，但在学校毕竟是个大家庭，干的也好，稀的也罢，好赖还能吃上饭，不至于饿死。离开了学校，离开老师，该怎么办呢？孩子们个个犯起愁来。

"是不是汪校长不爱我们、不要我们了？"张早同学发出了这样的疑问。

汪达之看出了孩子们的担心，语重心长地说："其实你们并不是没有人管，我已经写信告知陶行知校长，他会为你们提供必要的资助和支持。临行的时候，我会给你们一个计划，你们按计划去做就好了。更重要的是你们在大上海，可以见到没有见过的西洋景，也可以吃到没有吃过的糖和巧克力。"

孩子们嘿嘿地笑了。他们还没有吃过巧克力呢！就连糖也是很少尝到的，甜的滋味总会让孩子们着迷。

接下来，孩子们从汪校长那里学到了生病了怎么办，如何购买团体票，如何取得其他方面的资助等知识和技能。出发前，孩子们自己根据每个人的特长进行了分工，在汪校长的指导下，选出了负责安全的保卫员，负责看病的卫生员，负责吃饭、喝水的伙食员，负责参观事项的对外联络员。活动经费由账务负责保管，另外怕有人意外走丢了，还在每个孩子口袋里放一元钱，以备急用。大家一起讨论、制定严格的纪律，要求每天写旅行日记，每到一地都要写信或者回信。在汪校长的鼓动和精心策划下，游学上海的事成了孩子们心头最大的愿望。

此前，汪达之写了多封信，首先征求陶行知的意见，然后争取晓庄学校的同学、校友的帮助，再向沿途特别是上海各家报纸投寄《新安小学儿童旅行团宣言》。他像慈母般对 7 位出远门的孩子万千叮咛，并根据他们的行程，有预见性地写信，让孩子们每到一地，都能在指定的地点取到他的来信。他在信中指导孩子们去见那些重要的热情人士，同时也请孩子们转递有关信件，请收信人给予物质上的帮助和精神上的关怀。这情景颇像《三国演义》里的诸葛亮，给陪刘备去江东的赵云准备的锦囊妙计。那些收到信的人士纷纷对孩子们伸出了援手，让这群孩子感到了世间的温暖，更加坚定了他们走到上海的决心。

1933 年 10 月 22 日，雨越下越大，7 个孩子乘坐小火轮前往镇江。

第二天早上抵达镇江后，负责对外联络的小朋友杨永鑫拿着一封曹天任的亲笔信，转递给建设厅的吴君勉先生，并向他介绍了学校的情况、旅行的动机、从上海回来的时间，请他联系回镇江时的参观点。吴先生看了信后，爽快地答应了。接着又送完了汪达之的几封信，小朋友们背着包袱、拎着行李去火车站。

杨永鑫带着公函和名片去车站，向副站长提出免票之事。这位大脸胖身子的副站长上下打量着眼前这个小孩，皱着眉头说："哪有这种事？铁路上没有这种规定。"

杨永鑫诚恳地说："是的，我们知道没有这种规定，但是我们情况特殊，都是小孩子，请贵站给予通融。"

"怎么可能呢？"副站长不客气地说，"车站是公家的，我们就是自己坐车也得打票的。"

要想让对方开个窗子，必须先提出开个门。杨永鑫按照汪校长教的方法说："先生，这样吧！既然来回三等车不能免票，那么望先生允许三等车来回儿童团体半票吧！"

"不行，"副站长有点儿不耐烦，他叹了口气道，"不用多说了。"说完就将杨永鑫往办公室外推。

"站长，我知道铁路上有规定，儿童团体是可以买团体半票的。"杨永鑫挣扎着说。

"铁路规定12个人以上才叫儿童团体，你们才7个人，买不起来。"副站长不再推杨永鑫，他或许是起了恻隐之心，态度有点缓和地说，"这事我做不了主，等一把手站长来了后，我跟他商量商量，你下午再来。"

在杨永鑫的努力下，最后他们真的买到了儿童团体半票。孩子们开心地登上了去上海的火车。

七个孩子的儿童旅行团如期来到了上海。陶行知先生不但热情接待，还亲自带领他们制定参观、旅行计划，指导他们到各地去演讲。在上海，孩子们参观了黄浦外滩、领事馆、租界，了解列强侵略中国的罪证，听相关人士讲述"五卅"惨案和"一·二八"事变。他们参观了现代的银行业、工厂企业，了解中国资本主义发展的状况。他们走进平民教育院、工学团、报馆和大学等社会教育学术机构，也深入到下层民众集中的码头、平民住宅区等地了解社会情况，还和报童一起上街卖报。除此之外，自己的事全都由自己来做。孩子们亲自动手买菜、烧饭、洗衣服、打扫卫生，甚至连缝衣服、补袜子这样的针线活也学着做。家事、国事、天下事，事事关心，孩子们都做到了。

陶行知还尽可能地想办法让孩子们学会怎么去赚钱谋生。1933年11月1日，陶先生安排他们到"新陆师范"参观、卖书、演讲。这次演讲活动，卖书收入了十多元，还得到了十元演讲费。每每想到这事，有人兴奋地睡不着觉，在床上高呼："我们也可以为学校挣钱了！"

7个乡下小孩子在没有大人带的情况下闯上海，本身就是大新闻，引起了上海各界的关注，每到一处都有媒体报道，甚至国外某些媒体也进行了报道。儿童旅行团的成功实践为新安小学的生活教育探索出了新路，使得"生活即教育，社会即学校"的理念，得到了更多人的认同，轰动了当时的教育界。

陶行知激动地写了一首诗：

一群小光棍

点点有七根

小的十二岁

大的未结婚

没有父母带

先生也不在

谁说小孩小

划分新时代

远在淮安的汪达之，无时无刻不牵挂着第一次远行的孩子们。孩子们坐上船离开的第二天早上，汪达之就提笔给孩子们写信了：

亲爱的小朋友：

　　这是你们离开我后的第一个早晨，在四个月以来，还不曾有过这样的冷清。我祝福你们勇敢地战胜旅途的一切困难，快乐地、平安地到达目的地……

　　汪达之接到孩子们的回信，十分激动，也不无担心，他立即回复：

亲爱的小朋友：

　　昨天接到你们从镇江寄来的信，我又担着两天的忧心了。我信得过你们，这次遥遥千里的南征，是社会给你们做人的力量……旅途正如人的前途，困难多着呢！但是不要怕，只有奋斗！前途总会有路走。这次旅途中的一切，你们该知道奋斗的真意味了。

　　当得知有小朋友生病了，汪达之更加牵挂。

亲爱的小朋友：

　　我担心你们的健康，健康是事业的母亲，健康是精神的来源，你们没有按照作息时间执行，有些过分和失当了。你们自己来反省一下，生活公约，你们可都遵守了？孩子们，我异常得担心着！

一个叫秉铨的孩子，写信让家里人寄上一元钱给他零用。

汪校长在信中批评他：你要认清，随便拿父母的血汗钱，是很不应该的。要买的东西如果是必要的，在晨会或晚会上提出，认为必要，管财务的抽闲去买，不能再有公和私的分别了。亲爱的孩子们，我唯一的希望，你们在这次旅行生活中，将几千年的不良道德给我们的那些自私的恶习惯、劣根性一齐扫荡干净。检讨一下，那是我们理想生活的腐化剂，要当心。

就在新安小学"七仔闯上海"成了轰轰烈烈的新闻时，汪达之却因一则"福建政变"的消息在淮安的河下古镇心急如焚，让他十分担心，恰好又收到了孩子们来信，于是他提笔疾书。

亲爱的小朋友：

一直盼到今天才接到你们的信，这真使我盼望得有些苦。福建又在闹政变了，虽说离上海很远，但社会安宁是要受影响的，所以我对你们更担心。现在，我要催促你们提前回来了。另外，小朋友回校时，请买万金油一瓶、凡士林一磅，这是冬天擦冻疮的。

苏北的冬天很冷，水边的新安小学没有取暖设施，也没有经费购煤炭来取暖，大人和孩子的脸上、手上、脚上容易生冻疮，冷的时候痛，热的时候痒，十分难受。冬天还没到，汪达之已经把为孩子们治疗冻疮的事想在了前头。

孩子们在上海修学旅行引起了社会关注，个别小朋友看到了报纸上的表扬，产生了骄傲的情绪，为此汪达之十分重视，专门写信提醒。

亲爱的小朋友：

我现在为你们担心，我觉得有一个"魔鬼"一定要跟着你们了，那"魔鬼"就是"骄傲"。"魔鬼骄傲"是连老人也要追随的，只要偶有不慎，就会上它的圈套……它能消灭你的前途，孩子们提防着！

汪校长的8封信，每封信都是万分的担心和浓浓的牵挂，但又分明是详细的指导和热忱的精神鼓舞。

53天后，上海修学旅行结束，孩子们满载而归。首先要说的是账务，分管财务的张俊卿小朋友认真负责、一丝不苟，生活开销、收入支出笔笔有据可查——账本记载：收支两抵，尚存34元9分4厘。

孩子们出发前与出发后的变化让人刮目相看。小朋友们出发时破衣草鞋，两手空空；返回时，新衣新鞋，焕然一新。各界赠送的图书达数千册，孩子们光是搬运它们下船就费了个把小时的时间。其他的赠品如食物、衣服、写字本等也是成捆成包。

此后，汪先生立即组织他们把旅行见闻写出来，集为《我们的旅行记》一书。陶行知先生为此书写了序言：《我们的旅行记》是淮安新安小学儿童旅行团七位小朋友心头滴下来的文字。这个旅行团是一次破天荒的尝试。他们没有父母照应，从淮河北岸游学到上海，以演讲取得他们的旅费。到了上海，中国这个经济首都便成了他们的大学，上海各阶层的大众便成了他们的先生，形形色色的生活便成了他们的教科书。这本小册子是他们旅行生活的缩影，也是他们在这伟大的社会大学里上课的笔记……

　　该书由上海儿童书局出版发行，进一步扩大了旅行团的影响，还为新安小学挣来了一笔稿酬。

>>> 组建新安旅行团

　　其实，就在写给儿童旅行团的第三封信中，汪达之就提出了筹备第二次规模更大、旅行全国、旅行全世界的构想。他在信中这样和孩子们说："这是我接着你们信后就决定的一件事，你们猜，这是什么事？一年后旅行全国，五年后，我们旅行全世界。五年的时期尚早，我先来说一说旅行全国的计划。我们一年的长期准备，可卖的艺术，第一是表演戏，要准备十出、二十出拿手戏剧；第二是卖讲，只要讲明我们的教育主张；第三是卖书，我们自己的著述；第四是卖照片，是我们自己摄的照片，还有卖字画；第五是放电影，陶先生已允我们在半年后会送我们一架电影机来……亲爱的小朋友们，你们觉得我的理由充足吗？那我们马上就想这个问题，从现在就准备。"字里行间，汪达之那种急迫的心情跃然纸上。

　　1933 年 11 月，7 名儿童上海修学旅行成功归来之后，汪达之就积极奔波于淮安和上海之间。他得到了上海"生活教育社"同仁的支持，该社的主要骨干丁华、王洞若都是陶行知的学生兼密友，也是"左联"教师联合会的核心人物。

日本帝国主义侵占我国东北之后，继而又将魔爪伸向华北地区，妄图吞并全中国，中华民族到了生死存亡的紧急关头，全国各地掀起了反日浪潮。汪达之校长决定，把在新安小学就读的 14 名学生组织起来，成立新安旅行团，走上社会，走向全国，既实践陶行知的"生活教育"主张，又能宣传抗日救国，唤醒民众。

上海的丁华、王洞若建议：以孙中山"唤醒民众，联合世界上以平等待我之民族共同奋斗"的遗嘱为宗旨，不公开发表抗日的言论。针对物资保障的问题，左翼教联主动协助接洽上海爱国厂商，提供宣传设备并资助生活用品。此外，其还建议向各地政府相关部门争取交通免票的优惠。

除了形势有利于组织新安旅行团，此时汪达之又多了一个得力的助手——徐志贯。

1935 年的春节刚过，新安小学的门口来了一位小青年，他穿一身半新的学生装，高高的个子，留着分头，白皙的长方脸上，有一双浓眉和乌黑的大眼睛。他见到人眯眯一笑，嘴里那颗金灿灿的假牙特别引人注目，开口问在门口值日的张早："小同学，汪先生在哪里？"

小同学张早没有回答他的话，却像发现了新大陆般大声说："咦！你还有颗大金牙呀！"

"小调皮！金牙又怎么啦？"他用手往张早的脑袋顶上一按。

张早头往下一缩，灵活地闪开了。

来人名叫徐志贯，18 岁，家庭富裕。十年前，汪达之当过他的小学老师。后来，他考取了教会办的广益中学，因为思想观念冲突，他与洋人老师闹翻了，在家人支持下到济南读高中。"九·一八"之后，接着又是"一·二八"，北平的学生组织示威游行，要求政府出兵抗日，随之天津、上海、武汉等各大城市纷纷响应，济南自然也不例外。爱国的革命思潮不断地冲击着他的思想，而思想封建的父亲却逼着他走念书、升学、做官的老路。苦闷之中的徐志贯得知汪达之老师回乡探亲，专程从安徽省繁昌县大有圩老家来找他，倾诉了自己想法。汪达之把自己要组织孩子们到全国进行抗日救亡宣传的想法告诉了他，他立即就被深深地吸引了。

当时，新安小学的基本学生已经有了 14 个人，从年龄最大的朱金山，到几个十二三岁的小同学。谁也不会想到，像徐志贯这样家庭富有、马上就要跨进高等学府的人，却背着家庭，跑到这里来和小朋友们当"同学"。

学校的条件十分简陋，冬天楼房漏风，寒气逼人。睡觉没有床，在楼板上放一张芦苇席，睡上去硬邦邦的。喝的水，要到一华里以外的运河里去抬，徐志贯是肩头从没压过扁担的人，只要抬上一趟，肩膀就被压得红肿起来。吃的蔬菜全靠自己种，种菜要刨菜畦、挑大粪、戽水、浇灌等等，他抬一桶大粪常溅上一身臭水，闹出不少笑话来。大家原以为，徐志贯是难以适应这一切的，要不了多久他就会自动走人。可是，他很快都适应下来了。这样一来，无论是几个年龄较大的同学，还是小同学，都很尊重他。他的文化程度高，思维敏捷，遇事主意来得快，处理问题有魄力，汪先生对他比较器重，很快他就成了基本学生中的核心。

为了支持新安旅行团，陶行知先生把母亲逝世所得的一笔 500 块大洋的人寿保险金捐了出来。汪达之拿这笔钱从上海基督教青年会购买了一台旧的"德发牌"无声电影放映机，又从中华无线电研究所买来了发电机、扩音机和电唱机，从"联华""明星"影片公司弄来了

《民族痛史》《抵抗》《一·二八淞沪战地写真》等几部影片，还从百代唱片公司买来了《义勇军进行曲》《大路歌》等唱片和一台幻灯机。在上海左翼教联的帮助下，一些有爱国情怀的厂商捐了一批毛巾、挎包和旅行用药。为了这些物资，汪达之长期奔波于淮安和上海之间，直到 1935 年 8 月，终于将这些装备和物资全部运到了淮安。

放映机是个洋玩意儿，教会孩子当放映员是重要环节。买机器的时候，汪达之已经受过培训，回来后他示范放映了几场电影，把孩子们的积极性全都调动了起来。夜晚，发电机一响，电灯亮了，将黑夜照得如白昼。当地乡民没有见过电灯，都以为是夜里的太阳，附近的人好奇地跑来看热闹，一传十，十传百，新安小学放电影的消息不胫而走。天一擦黑，电唱机播放着抗日歌曲，新安小学就挤满了人。观众从小学生那些铿锵有力的解说中，在银幕血与火的画面上，了解到日本侵略者的暴行。

1935 年 10 月初，几经酝酿，新旅正式成立，领导机构是三个人组成的团务干事会，两个年龄较大的同学朱金山和纪宇任团务干事，徐志贯被推举为总干事，汪校长任顾问团员。新旅出发前的一切准备工作已完毕，就等陶行知先生回信，按预定日期启程了。

虽已深秋，寒气袭人，但校内外却是热气腾腾的景象。每天都有学生家长和莲花街的乡亲们来话别。晚上，学校在院外的空地上为乡亲们放电影，河下古镇像是过年过节真是热闹极了。

几天过后，陶先生果然来信了，汪达之看信后，却没有什么愉快的表情，懂事的孩子觉察到情况有点不妙。当天晚上，他把全体成员召集到他的住处，召开例行的生活晚会。昏暗的煤油灯看不清他的表情，大家在木板上席地而坐，急切地等待他讲话。

会议一开始，汪达之带大家唱《自立歌》：滴自己的汗，吃自己的饭，自己的事，自己干，靠人靠天靠祖上，不算是好汉。唱完后，他开始用庄重而缓慢的声调说："同学们，陶行知校长来信，他劝我们还是暂缓出去。"

"不去了？"

"为什么？"

"陶校长不是很支持我们的行动吗？"

大家不约而同地争相发问。

汪校长苦笑了一下，郑重地把信宣读了一遍。陶校长在信中讲了当前的形势，日本人侵占了东北，又把魔爪伸向华北。蒋介石却顽固执行"攘外必须先安内"的政策，实施白色恐怖，全国各地杀机四伏、灾荒遍野。他担心把孩子们带出去，安全难有保证，弄不好连饭也吃不上，甚至可能讨饭。

同学们都知道，学校目前只有十块现洋，现在的天气很凉了，每人只穿一身单衣，一双草鞋，出去以后挨冻受饿免不了，真的会讨饭的。陶行知校长提出了既现实又严峻的问题，究竟该怎么办？大家都陷入了沉默，屋子里的空气仿佛凝固了一般。

沉默了一会，汪校长说："我们长途旅行，是为了实践'生活教育'的主张，宣传孙中山先生遗嘱，政府也要求举行纪念活动让大家在纪念周每天念一遍孙中山先生的遗嘱。我们这样做，政府也没什么可说的，怕的是如果出去以后，真要讨饭过日子，该怎么办？"

"儿童旅行团一个钱也没带，也没有讨饭，"左义华说，"我们不怕！"

"出去眼睛看饱了，"曾里说，"肚子饿没关系。"

大家你一句我一句地表达了自己的决心，最后张牧表态说："就是讨饭，我们也要出去宣传抗日救亡。"

汪达之在屋内急速地踱步，手一挥，大声说："新安小学仅有的一点现银，根本维持不了几天，但是我们抱定了要宣传抗日的决心而去，所以，困难再大，也不能回头。我们给陶先生写信，就说我们讨饭也要去宣传抗日！"

汪达之一连起草了《淮安新安小学基本学生长途修学旅行团宣言》《江苏淮安新安旅行团告国人书》《告全国小朋友书》等几份文件，寄送有关报刊，宣传公布他们修学旅行的路线、目的以及主张等，希望得到各方支持帮助。

陶行知收到汪达之和孩子们的来信，看到他们态度这般坚决，也就同意了他们的决定，并在自己主办的《生活教育》杂志上及时刊载了所有公告文件，为他们的行动提供宣传支持。

1935 年 10 月 10 日清晨。新安旅行团左林、白日希（杨永鑫）、刘昭朗、朱金山、纪宇（嵇钰）、张早（张俊鑫）、张牧（张敬茂）、张明（靖秉铨）、张翼天（张俊卿）、凌则之（程昌林）、徐之光（徐志贯）、曹维东、曾里（曾兆寿）、靖秉铎 14 名团员，统一穿着白布衬衫，蓝色工装裤，赤脚穿蒲草鞋，背上挎包，携带雨伞，两人合一个背包，集中到灵王庙的中殿——新安小学的大礼堂。在顾问团员汪达之的带领下，孩子们庄重地举起了右手，握紧了拳头，举行宣誓仪式：

"我志愿参加本团生活，誓以忠诚谋团体生活的发展，为'生活教育'努力，为民族生存而奋斗！如有违反团体生活，不忠于团体生活行为，愿受团体严厉制裁！此誓。"每个人挨个说出了自己的姓名，声音响亮，气势如虹，惊得屋檐下麻雀窜飞空中。

呜——汽笛一声长鸣，"达通号"小火轮载着新安旅行团全体成员缓缓开动。船上孩子们挥手告别，岸边送行的家人们依依不舍地抹着眼泪。谁也没有想到，就是这群孩子以"新安旅行团"的名义，在中华大地上书写了中国少年儿童抗日宣传救亡的伟大创举。

镇江是当时江苏省省会，旅行团的第一站依然是镇江。新安旅行团搭乘的小火轮于第二天抵镇，在金山湖的三号码头上岸。是日，便在相关人士的帮助下，召开了新闻记者发布会，新安旅行团第一次进入公众视野，意义重大。

其实，各级政府并不看好一帮小孩子去宣传抗日，行动合法化仍是汪达之眼下的第一要务。为了让新安的行动得到更多的支持，他们恳请与省长见面，希望签发一个合法通行和免费交通的函证，可是经多方努力还是没得到允许。汪达之似乎早有心理准备，他再次托人送去题词簿。省长觉得题几个字不是什么大问题，就在本子上挥笔写下了"鹏程万里"四个大字。

汪达之拿到这四个字的题词乐了，虽然没有全国通行证，但他的题词相当于通行证。于是他一不做二不休，又拿着这个簿册恳请教育厅长题写。开始教育厅长还不是太愿意，但看到小朋友送他的《我们的旅行记》一书，又看到了省长的题字，他就在孩子送去的特制的题词簿上写了"幼学壮行"四个字。

另辟蹊径的做法取得了成功，总干事徐志贯同学干脆在题词簿的封面上写上"请赐鸿辞"几个字，以后每到一地，就拿着这本题字簿，请达官名人题词，和当地各方面知名人士建立联系。日积月累，包括于右任、冯玉祥、宋庆龄、张澜等一百多位名人都在上面题词祝福。

由此，题词簿也真的变成了一张有效的"通行证"了。

不过，当两位大官的题词还没来得及发挥作用，强大的负面舆论劈头盖脸袭来。一个叫索园的人在《新江苏报》发表评论，质疑新安旅行团三宗罪：首先指责汪达之挟十二三岁儿童到处招摇，乞求长官题词，虚度孩子光阴。其次质疑那么远的路程，小孩子能不能到达且不说，就算到达了又能怎么样呢？他责问新安小学是公立还是私立，经费即便充足，也不能用来旅游，应该捐给那些失学的儿童。此文一出，众口铄金，积毁销骨。大家觉得镇江是个是非之地，不如早点去南京。

新旅到南京，借住在白下路南京安徽公学一间 20 多平方米的仓房里。校长姚文采是陶行知的同乡，又是新安小学的校董之一，除了免费借宿，他还允许新旅在学校食堂搭伙，并帮忙与南京各界联系。

姚校长建议汪顾问先拜见南京市长马超俊。因为这次出来，只拿到了淮安县政府的一张护照，为了取得旅行全国、宣传国难的合法证明，最好能得到马市长的帮助。

镇江的遭遇大家还心有余悸，但这又是他们远行必须得到的"护身符"，只能硬着头皮上了。孩子们排成一队来到了市政府威严的岗哨前。汪顾问拿出自己的名片和请求市长接见的函件，请传达递进去。

不一会传达出来说："市长公务忙，不能见！"

在汪校长和孩子们执着地求情下，传达让孩子们进了会客室，再次去约市长。

掌管首都的马市长对软磨硬泡的汪达之率领的旅行团一行没有好脸色，不知那天是心情不好，还是根本就瞧不起小小的新安旅行团，他走进会客厅就气冲冲地大声训斥道："你们这些小学生不在学校里好好念书，跑出来干什么？"

还没等汪达之开口，徐志贯大声回答："国难当头，读书要紧，救国更要紧！"

有他领头，小朋友一起帮腔："对，救国更要紧！"

军人出身的马超俊平时发号施令惯了，第一次听到小孩子不客气地反驳，气得脸上红一阵，白一阵。他在会客室里来回踱步，把地板踩得吱吱响。最后，他把满肚子的怒气朝汪校长发泄出来："你！是他们的老师，难道不懂得小孩子'读书就是救国，救国就是读书'的道理？"

徐志贯说："马市长，现在东三省小朋友读的全是日本人的书呀！"

张早不知从哪来的勇气，他反问："马市长，日本人的飞机大炮轰轰响，我们手捧书本就能赶走日本人吗？"

"马市长，"汪顾问恳切地说，"孙中山先生要我们唤醒民众，联合世界上以平等待我之民族共同奋斗，我们这批小朋友就是想到全国去，把国难的情形告诉全国同胞。"

"哈哈哈……"马超俊突然发出一阵冷笑，说，"救国？靠你们这些毛孩子就能救国？简直是胡闹。关于救国大事，蒋委员长早已经有安排，先安内，后攘外；不安内，三天必亡国。"

文弱乎乎的凌则之接过马市长的话说："蔡廷锴将军十九路军在上海打了三个月，不是没有亡国吗？现在日本人攻打华北和内蒙古，要是全国的军队一齐来打呢？不就可以收复失地了吗？"

马市长坐在椅子上没词了，或许他觉得根本没有必要跟这群黄嘴毛孩争论。小学生"舌战"大市长，大概是这位历经战火的市长生平第一次经历。他很生气，没有答应新安旅行团的任何要求，拂袖而去。

新旅小朋友接着跑了教育部初等教育司,司长吴研因表示"心有余而力不足"。铁道部和交通部则直接拒绝了交通优待的请求。

拿不到合法通行和免费交通的函证,还有题词簿抵挡,没有钱,连肚皮都吃不饱才是最大的困难。出发时带的钱用光了,他们面临着无钱吃饭、无布添衣等一系列的困难。

汪校长心平气和地说:"同学们,在镇江和南京两地的遭遇,深深地教育了大家,我们要在这个社会上活下去,要实现到全国宣传抗日、唤醒民众的目标,只能依靠自己去奋斗,要靠我们的行动去争取各界爱国人士的同情和支持。"

会上讨论决定,所有人分头到各大中小学和文化教育事业单位拜访,向这些单位做公开演讲,或者放电影争取收入。再就是尽量访问社会名流,带上"请赐鸿辞"本子,请他们留言。以左义华为首的几位写手,负责采写活动新闻,向南京各报纸、广播投稿,扩大影响,获得稿酬。

事实上,这样做也不能解决拖欠伙食费、北上路费等关键的经济问题,汪校长不得不独自去上海求援。几天后汪校长回来了,还背回来两大包书刊。他告诉小朋友们一个好消息:"陶行知先生、国难教育社的同志,还有邹韬奋的生活书店都表示全力支持我们的行动。"接着他打开包,里面有《大众生活》《永生》《新知》等一批刊物,还有成套的"国难地图"(《日本帝国主义侵略中国史地图》《世界各帝国主义侵华史地图》《中国历代疆域史变迁地图》)。"邹韬奋说了,生活书店的杂志卖出的利润全归我们。国难教育社出的'国难地图'3块钱一套,我八折价赊了100套,光这套地图全卖掉能净赚60块大洋,出售顺利的话,我们眼前的困难就全都解决了。"小朋友们欣欣鼓舞，拍手叫好。

"啦啦啦，啦啦啦，我是卖报的小行家……"孩子们分成小组，拉着手唱着歌就上街了。到月底，所有的报刊和"国难地图"全部销罄。是年 12 月，《大众生活》杂志销售量达到 20 万份，打破当时中国杂志发行纪录，这其中也有新安旅行团的一份微薄的贡献呢！

有了收入，每个团员添置了一套绒衣绒裤、一双棉袜子，这下就可以暖暖和和地过冬了。

>>> 折返于徽宁沪

新旅计划，1936年1月10日离开南京北上。就在出发的前一天，汪校长收到了上海王洞若的来信，他认为北方天寒地冻，孩子们衣着单薄，难以抵挡，建议去皖中开展宣传工作，天暖再北上。

经干事会和生活会讨论，新旅先到蚌埠，然后到淮南，再转入皖中地区。1月10日，新旅一行抬着电影放映设备，上了去浦口的渡船，计划从浦口火车站乘车去蚌埠。哪知他们刚过江靠上了码头，就被浦镇车辆厂工会代表和扶轮中学、小学的师生给围住了。原来，早在前些日子，新旅去浦口推销"国难地图"时，就与他们认识了，他们合计等新旅北上的时候，留新旅的小朋友住几天，以实际行动支持他们抗日救亡宣传。

出来这几个月，处处碰壁，现在受到欢迎，孩子们心里都美滋滋的。扶轮小学成了他们的住所，白天他们与师生、工人代表座谈，晚上就在扶轮小学放电影。吃住在人家这里，新旅本来没打算收电影放映费，可是学校和浦镇厂工会坚持要每人给5分钱的门票费。这是新旅放电影首次收到报酬，共计4200多块铜圆，每个人的心里都有说不出的高兴，因此，对宣传抗日救亡更充满了信心。

"南京的老百姓比官员们更仗义，更加支持宣传抗日。"左义华把这种感受写进了日记里。新旅的小朋友感到南京人民的关怀是具体而生动的。

在皖中地区，发挥最大作用的是那部神奇的电影放映机，大人小孩都围上来看，有钱的人买票看电影，没有钱的小孩，只要喊一句抗日口号就可以进场看电影了。电影虽然没有声音，但能看到活动的图像，能看到天上的飞机、地上的大炮，能看到房屋被毁，民众在日本军人的铁蹄下流血牺牲的景象，观众们从这些无声的影片中，了解到中国正在遭受的侵略与苦难，无不惊叹，个个义愤填膺。

因为政府当局严控，新旅一路上除了放电影外，无法以更多的形式进行抗日救亡宣传。冯玉祥的祖籍在巢县，园山学校是以他的名义开办的，规模不大，又在偏僻的农村，受当局干扰少，校内的民主气氛浓，经常公开讨论一些抗日救亡的问题。这些情况是汪校长晓庄同学舒政敏信中说的。当时，新旅正在合肥，接到他的邀请，新旅便去巢县开展工作。

几个月前，舒政敏因涉嫌共产党案而被关进监狱刚出狱，曾与汪达之见过面，他面色苍白，身体虚弱，也不太爱讲话。如今的他完全不同了，跟换了个人似的，面色红润，活泼健谈，一有空就跟小朋友们在一起。舒政敏经常谈着谈着就谈到了政治话题，也会介绍苏联儿童、妇女和工农的生活情况。有一次，新旅到附近村子里开展国难宣传活动，回来坐在田埂上休息。舒老师说："苏联的集体农庄耕地用的是拖拉机，这种'铁牛'的力气很大，但是如果在中国遇到我们脚下的田埂，它就得停下。不是田埂有力量，是私有制的力量阻止了它的前进。在我们中国，土地是地主的，工厂是资本家的，蒋介石就是私有制的总头目。中国工农要过上苏联工农那样的日子，就要打倒国民党蒋介石！你们知道吗？共产党就是带领工农干这件事情的。"

新旅团员们以前听说过晓庄学校的学生中有共产党，是"赤匪"，在雨花台被杀了。通过与舒老师的接触，新旅了解到国民党为什么要迫害共产党，才知道共产党也不是什么可怕的"赤匪"，而是带领大家闹革命、过上好生活的组织。

舒老师还教会孩子们唱《国际歌》《少年先锋队队歌》和苏区民歌《八月的桂花》，他一句句解释歌词的意思，使新旅的团员在不知不觉中接受到了政治启蒙。

在巢县边工作边学习，一住就是两个多月时间，园山校园里的桃花开了一片红，近处村子里的杏花开得白一片。春天来了，蜜蜂飞舞，新安旅行团也将开启新的征程。

为了下一步的行动，汪校长专程去了趟上海。有一天，无意中，他在国难教育社听王洞若说，被关在徐州监狱的剧作家田汉（中华人民共和国国歌《义勇军进行曲》的歌词作者）被无罪释放，现在南京。汪校长跟他原来就认识。返回巢县时，汪达之专门去南京拜访了田先生，并请他给新安旅行团创作一首团歌。田汉不仅同意了，还邀请新安旅行团参演他改编的话剧《复活》。

对于重回南京的决定，新旅的大部分团员心有余悸。

"我们做宣传，除了会放电影，还有很多的技能需要学，比如唱歌、演戏、画画、乐器，什么都得会，艺多不压身嘛。"见大家没有多大反应，汪校长拿出他鼓动的本领说，"孩子们，我告诉你们，这次去南京，田汉先生已帮咱们新安旅行团创作了团歌，到时候呀，我们有了自己的歌，唱自己的歌多带劲啊！"

"太好了！我们能唱自己的歌了。"经汪校长这么一鼓动，刚才对回南京还有点抵触情绪的孩子们都欢呼起来。

1936 年 4 月，熬过严冬的新安旅行团转到南京，参加中国舞台协会的公演活动。团员们承担了台前幕后的勤杂工作，并且作为群众演员参加了演出，在多场进步戏剧中演唱其中的歌曲。

在这次公演过程中，田汉撰写了《新安旅行团团歌》，歌词开头即重申了陶行知先生的"生活教育"理念："同学们，别忘了！我们的口号：'生活即教育，社会即学校'。"歌词中呼吁"把一切民族的敌人都打倒"，结尾又发出有力的号召——"向民众报告，代民众喊叫，我们是民众的小向导。"张曙为歌词谱曲，并且带着新旅团员一边试唱一边修改。最后成型的旋律激昂有力，充满乐观向上的情感。每次演出前暖场，新旅的小朋友都会合唱《新安旅行团团歌》；演出结束，小朋友们再次登台，合唱《义勇军进行曲》，欢送观众离场。这次南京之行，为新旅种下了文艺的种子，注入了文艺基因。

1936 年 6 月，抗日救国的呼声更高，上海民众自发组织歌咏队唱抗日歌曲，形成了风潮。王洞若来信，请新旅到上海从事歌咏抗日工作。7 月 28 日，新旅团员们从安庆坐船，顺江来到上海，入住民光中学。

陶行知的好友黄警顽是商务印书馆的著名出版人，口才好，善于交际，当时在圈子里有"交际博士"的美称。他不仅帮新旅联系参观了商务印书馆、时事新报馆，还安排孩子们参观了申新纱厂、康元制罐厂、冠生园食品厂等实体企业，让孩子们眼界大开。

左翼教联支部非常关心新旅团员们的成长，邀请艾思奇、孙冶方、骆耕漠、钱俊瑞、金仲华等为新旅团员讲授马克思主义哲学、中国农村经济问题、国内外形势。孙铭勋向他们介绍了中国工农红军二万五千里长征和陕北见闻。孩子们如饥似渴地学习，热烈讨论，不仅扩大了视野，增长了见识，而且进一步坚定了宣传抗日救亡的信心。

著名电影人蔡楚生是陶行知的朋友，他听说新安旅行团后，热情地邀请孩子们参观联华电影公司，观看他导演的新片《迷途的羔羊》。当时上海联华影业公司正筹拍"集锦式"影片《联华交响曲》，由八部短片组成，蔡楚生编导的《小五义》是最后一部。他慷慨地邀请左义华、张早、曹维东仁人参加演出。该片的情节大致是：嗜酒的老李得知女儿失踪，断定是住在东面的恶棍（暗指日本）所为，因而赴乡公所论理。不料，乡长（暗喻国民党当局）受贿袒护恶棍，老李敢怒不敢言，但他的四个孩子（代表汉满回蒙四个民族）不肯屈服，最终联合一批小伙伴设法抢回妹妹，并绑了恶棍推入河中。该片呼吁各族人民共同抵抗外敌，寓意中国人民团结起来，一定能取得胜利。

《小五义》是无声影片，为方便观众理解，蔡导演专门为它加上字幕，并将该片作为礼品送给了新旅，这也是唯一一部宣传抗日救亡的故事片，深受儿童观众的喜欢。

新旅活跃在大上海，团员们应邀到许多大、中、小学校去放电影、演讲、唱歌、开座谈会。亚美无线电台还请新旅团员去电台当播音，让孩子们在电波中与听众见面。百代唱片公司请他们去录音间录制抗日救亡歌曲，并灌制成唱片。

孩子们在南京遇到《义勇军进行曲》的词作者田汉种下了文艺的种子，在上海遇到了音乐家冼星海。那时，冼星海刚从法国留学回来，穿着咖啡色西装，拎着小提琴，每周两个晚上来新旅驻地教唱歌。一间简陋的小教室兼新旅团员的卧室，上完唱歌的课，孩子们把课桌拼起来当床，一早起来赶快把铺盖卷起，在学生到来之前把教室打扫好，交还给学校上课，然后到外面参观工厂或者到市民中教歌。

有一天晚上，大家等冼星海来上课，左等右等也不见他的身影。张早和徐志贯跑出去迎几次都落了空，怀疑他不会来的时候，他却气喘吁吁地来了。冼星海抱歉地说："对不起，同学们，我来迟了。"他掏出手帕，擦了脸上的汗水继续说，"我刚创作了首新歌，修改了许多遍，总是不满意，改来改去，天就黑了。"他把新创作的《救国军歌》抄写在黑板上，时而拉小提琴伴奏，时而拿指挥棒指挥，教会了大家后，他侧耳细听，再把需要修改的地方标在黑板上。临结束时，他再三叮嘱："曲子还要修改，请你们到学校、工厂教唱时，代我征求他们的意见。"

多么认真，多么敬业啊！小朋友们太佩服眼前这位年轻帅气的艺术家了。

在教歌中，冼星海发现有两位同学识谱视唱能力强，就让他们俩定期到霞飞路家中"开小灶"，专门教授指挥、打拍子、谱曲，把他们培养成有模有样的歌咏骨干。

除了冼星海，小朋友们还接触到聂耳、吕骥、任光、孟波等音乐名家，学会了《只怕不抵抗》《牺牲已到最后关头》《打回老家去》等一批抗日救亡歌曲，童声歌曲都由新安旅行团进棚录制，真过瘾！

大部分时间，新旅团员们都到青年学生、店员、工人中去组织歌咏队，教唱抗日歌曲，进行救亡宣传。有一天上午，他们在一个织布厂教女工唱歌，孟波老师突然来了，说："鲁迅病逝，要举行葬礼，快回去学唱挽歌！"

"鲁迅是谁啊？"大部分团员没有听说过。

"在报上写文章启蒙大众的一个名人，你们左义华还读过他的小说《阿Q正传》。"孟波老师说，"上海虽然有几十个救亡歌咏团体，但这些团体都是业余的，每星期只集合一次，离举行葬礼的时间只有一天，能通知到多少人不是很有把握，你们新安旅行团作为挽歌队的骨干，马上赶到胶州路万国殡仪馆门前练唱。"

当天中午，新旅的小朋友就学会了四首挽歌。

送葬的那天，走在最前面的是举着"鲁迅先生殡仪"六个大字白布横幅的队伍，在挽联队、花圈队、军乐队的后面，是由新安旅行团和各歌咏团体组成的人数众多的挽歌队。小朋友们挽着手，迈着沉重的步伐，高唱："您的笔是枪尖，刺破了旧中国的脸，您的声音是晨钟，唤醒了奴隶们的迷梦；在民族解放的斗争里，您不曾后退；擎着光芒的大旗，走在新中国的前头。啊！导师！啊！同志！您没有死，您活在我们的心底！"歌声一波未平，一波又起，接唱、联唱、轮唱，使你辨不清头尾，摸不到边际，形成了歌的河流、歌的海洋。

虹桥路两旁布满荷枪实弹的国民党警察，有几个全副武装的日本兵，手持上了刺刀的步枪在"同文书院"门前那里站岗。送葬的队伍经过虹桥，见此情景，不由得怒火万丈！徐志贯同学高举拳头，最先高呼"打倒日本帝国主义""打倒汉奸、走狗、卖国贼"口号，接着他又带头唱《义勇军进行曲》："起来！不愿做奴隶的人们！把我们的血肉筑成我们新的长城……"雄壮的歌声，像振聋发聩的春雷，炸醒了这个世界。送葬的队伍肩并着肩，手挽着手，变成一股勇往直前的洪流。马路两旁的群众，有的跟着高唱救亡歌曲，有的报以热烈的掌声，有的干脆加入游行送葬的队伍。那些原本凶神恶煞的日本兵，看到中国人民气壮山河的声势，不得不把岗哨撤进"同文书院"的院子里。

>>> 北上绥远劳军

　　那场激进的鲁迅葬礼后，一些组织者被警察抓捕。有消息说，新安旅行团已经上了黑名单。王洞若建议新旅早点离开上海，进入江浙宣传抗日救亡。

　　有一天，新旅正在海盐县与海宁县之间的南北湖一带开展农村工作，徐志贯在报纸上看到消息说，张学良、杨虎城把蒋介石扣在西安了，于是他组织大家讨论。讨论决定，全团人员赶到峡石镇，乘火车回杭州再谋打算。没几天，蒋介石又被放回了南京，弄得他们一头雾水。就在这时，他们接到了上海国难教育社张宗麟的来信，他在信中告知，上海各界救国联合会已经决定，组织前线慰问团到百灵庙去慰劳傅作义的部队，新旅可以作为儿童代表参加。

　　徐志贯通过各种渠道收集相关资料，并在回上海的火车上，向大家介绍了远在数千里之外的战事情况，让这次旅途变得充实而有激情。他介绍说："百灵庙是绥远的重要战略据点，可通往漠北和新疆，它位于绥北的乌兰察布盟草原，四周有九个隘口，号称九龙口。这里商旅聚集，有草原码头之称。"

"绥远有多远啊？"有人关切地问。

"大概有四千多里路吧！"怕大家没有概念，徐志贯补充道，"坐车、乘船，估计要五天时间。"他接着介绍说："百灵庙本是国民政府下属的蒙古地方自治政务委员会的所在地，日军占领了它，把它当成侵略绥远的后方基地，在这里驻扎着3000人的日伪军队伍，存有大批的粮食弹药及其他战争物资。1936年底，驻守绥远前线的傅作义部队奋起反击日本侵略军的武装进攻，一举收复了百灵庙，这是'九·一八'事变后，中国军队获得的一次重大的胜利，有力地打击了日伪军的嚣张气焰，激发了全国人民空前的抗战热忱。各界人士以捐款、慰问等不同方式支援前线。老师们捐出一日薪水，学生集体停伙一日，将薪金和伙食费捐给前线；艺术团体组织义演，演出收入捐到绥化；甚至监狱的犯人也联合起来，停伙三日，将这笔费用拿出来劳军。"

小朋友们激动地鼓起掌来，引得火车车厢里其他旅客纷纷投来询问的目光：这帮小孩子干啥呢？

"真是秀才不出门，便知天下事！"左义华感叹地说。

徐志贯拍着左义华的肩膀，说："不光要知天下事，还要做天下事。"

左义华似懂非懂地点点头。

从上海坐船，在大海里航行三天两夜，到了天津塘沽，团员们上岸后，印象最深的就是日本的"味之素""仁丹"等广告随处可见，就连塘沽火车站三个字也是用中、日两种文字写的。几个日本兵驾驶三轮摩托，从他们身边疾驶而过，吓得小朋友们直往旁边躲。几位慰劳团的大人护着新旅的孩子，将他们带上前往北平的火车。

北平跟天津的氛围不一样，各校的学生为了纪念"一二·九"运动一周年，他们集体罢课，走上街头，到新华门前高呼"停止内战，一致对外！""武装保卫华北！"等口号。旅行团决定在北平逗留期间，到各中小学举行歌咏培训、放抗日电影等活动。

活动由北平学联组织实施，各校都派骨干参加歌咏培训。新旅团员们分头教唱《九一八小调》《五月的鲜花》《打回老家去》《义勇军进行曲》等抗日歌，他们学会后，再回校教其他同学。由于新旅的到来，北平各学校、市民群体中，歌咏抗日蔚然成风。

"九·一八"之后，东北大学被迫流亡，该校师生多是东北人，在北平没有根，又不愿意听从政府的安排迁往河南，在北平勉强复课。徐志贯到该校演讲，用各种材料和事例历数日本侵华罪行。当徐志贯演讲中唱起《九一八小调》时，师生们含泪一起跟唱，那悲愤的场面让在场的人潸然泪下。

纪宇到女中放映美术片电影《民族痛史》，当放到1915年日本帝国主义胁迫袁世凯签订"二十一条"时，这"二十一条"在银幕上变成一根粗大的铁链，把中国的版图紧紧地捆扎起来，观众中的一位女生尖叫着痛哭起来。电影结束后，她含泪带头高喊"打倒日本帝国主义！""打倒汉奸卖国贼！"等口号。学生会的干事说："这个痛哭的女生是袁世凯的亲孙女，她也是爱国的。"

慰劳团带着药品、防毒面具、书刊等慰问品离开北平，坐了一天一夜的火车来到归绥。第二天，在归绥中学霍校长的引见下，所有的慰劳团员前往省政府拜见傅作义将军。

傅将军身材高大魁梧，非常英俊，和大家讲话的时候和蔼可亲。见新旅团员年龄较小，十几岁就立志跑遍全国宣传抗日救亡，现在又到冰天雪地的塞北前线来慰问，他很是感动，不假思索地题写了"行万里路，聪明了你们耳目；读万卷书，增进了你们的知识"几行字。

接下来，新旅参加在归绥大教场举行的绥远抗日阵亡将士追悼大会暨祝捷阅兵典礼。室外很冷，刚倒出来的开水很快就变成了冰坨。除了寒冷，内蒙古的天气也是说变就变，忽然间狂风大作，黄沙蔽日，吹得大家睁不开眼睛。在来的火车里，他们已经学会了吕骥团长创作的《挽阵亡将士》歌。唱挽歌新旅团员们有经验，个个表情庄严肃穆，声音低沉而又悠长：

荒沙里，敌人的炮声未熄，

你们已经战死。

今天，全国军民已经觉醒，

我要踏着你们的血迹前进。

安息吧！勇士！

你们的英名永远不灭，不灭。

阅兵式开始，一列列步兵、骑兵、炮兵从主席台前走过，接着是收复百灵庙的装甲车队……检阅完毕，队伍全部集中到台前，傅作义将军和各界代表为立功的官兵颁发奖章。其中一位叫张仰贤的勇士，在战斗中右臂被打穿，他用左手驾战车，第一个突破敌人防线，为攻下百灵庙立下了首功。他吊着绷带，用左手向傅将军敬礼。这一幕，使得慰劳团成员受到了深刻的教育和莫大的鼓舞。新旅小朋友被感动得哭了，情不自禁地举手向这位士兵敬了个礼。

会后，慰劳团的队员们立即分赴各医院慰问伤兵。

有一个伤兵，左腿被炮弹炸飞了，在医院里不吃不喝，整天哭。张早过去跟他聊天："叔叔，你疼吗？"

"腿脚都没了，能不疼吗？"他没好气地反问。

"我能帮你做点什么呢？"张早试探地问，"比如说给你家里写信，告诉他们你是英雄战士，现在还活着。"

这位伤兵不哭了，有点担心地说："我怕他们知道我成了废人，更加伤心。"想了想他又说，"我大字不识一个，平时给家里写信都是求人代笔，那就劳你给他们报个平安吧！"

写过信后，张早找来正在洗绷带的左义华、林则之等几个小朋友一起为这位伤兵唱歌，从《救国军歌》到《义勇军进行曲》，一首接着一首，直到把所有会唱的歌唱完，才结束。

得知小朋友们是从几千里路外来慰问的，这位伤兵逐渐转变态度，拉着张早的手问长问短。后来，张早问他："还感到疼吗？要是疼你就哭吧！我每次疼就会哭的，哭哭就好了。"这位伤兵说："有你们的陪伴，心里好受多了！我不哭了。"在医院工作的几天里，张早天天会去找这位伤兵聊一会儿，他的情绪真的好多了。军医对新旅团员赞不绝口："你们这些小毛孩子，还真挺有能耐！"

>>> 建立秘密党支部

绥远的劳军活动结束后，受傅作义将军的邀请，新旅慰问其屯垦戍边的部队，所有费用由他们来承担。

绥远西部，汉、蒙、回等几个民族杂居，各民族之间、蒙古族王之间矛盾尖锐，生活贫穷落后。在生活会上，大家一致认为，沿途要用电影来吸引他们，再就是帮助当地各小学建立歌咏团，开展抗日宣传工作。

新旅团员牵着租来的骆驼、骡子，拉着放映设备，沿平绥线向包头西行。一路上风餐露宿，不少孩子脸上起了风疮，黑一块白一块的，风疮结成硬壳，粗糙龟裂，裂缝里渗着血。大部分人脚上打了水泡，汪校长教他们用骡子尾巴上的毛穿过水泡，行走中水泡里的水，顺着毛被压挤出来，后来就长成了老茧，不怕磨了。

有一天，孩子们抬头看见前面的沙山上雾气腾腾，灰蒙蒙一片，几十丈高的宝塔出现在空中，附近是村镇，还有大片绿色的草原，成群的牛羊，有时挑水的男女倒立着在空中飘荡。租给新旅骆驼的蒙古人见此景，立刻跪拜，求神仙保佑。见状，小朋友们也以为不是妖怪便是神仙，心中有点害怕。徐志贯解释说："这不是什么神仙，也不是妖怪，是海市蜃楼。"然后他把这种景象形成的原因给大家作了讲解。小朋友们又长了知识，对他也更加佩服。

队伍越向西，人烟越稀少。这里的蒙古人很少与外界接触，看到汉人的队伍，竟然以为是大清朝皇帝派来的。他们鞠躬施礼，热情相迎。一些人则骑马奔走，逢人便说："皇上派人来啦！快来看，皇上派人来了，快来看！"一个身材高大的蒙古男人伸出粗大的手，抚摸张牧的脑袋，然后拜佛似的磕头施礼。对他们这种"不知魏晋"的行为，新旅的小朋友们觉得既不解，又好玩。

在这里，最受欢迎的是放电影。一块白布上，可以看到人在吃饭、走路、好人打坏人，太神奇了。晚上，发电机响了，电灯把场地照得如同白昼，留声机播放唱片的歌声，一二里路都听得见。附近的人纷纷赶来，有的人全家赶着牛车来，或坐在包厢一样的马车里看电影。

电影放映前，许多人早早就来候场了。张牧把蒙古小朋友们组织起来，安排在银幕前席地而坐，先教他们唱一首抗日歌曲，再要求他们教自己家里的大人唱会一句，这样不到一小时，一首歌就大致学会了，家长们也能跟着哼唱两句，起到了宣传作用。

在草原上，有音乐创作天赋的新旅团员黄中一借鉴蒙古族同胞的民谣歌谱作曲填词，创作了《蒙汉团结歌》：

赛拜诺（蒙语你好的意思），赛拜诺！
你们的物品都很好吗？
日本鬼子已经打到了伊盟，
你可知道吗？

……

跳上你那雄壮的骏马，

端起你那心爱的马枪，

保卫祖国，保卫家乡，

把强盗们都杀光！

这首歌因为用了当地牧民都熟悉的曲调旋律，所以学唱和传播起来更加容易。

教完歌，张牧用扩音机向大家讲解前方战局形势，突出宣传民族和好，号召大家团结起来共御外敌，然后才开始放电影。

所有的影片中，《小五义》最受欢迎，特别是听说片中的演员就在眼前时，观众们感到更加惊奇。对照过张早、左义华、曹维东的外貌后，有人不禁脱口而出："就是他们！"然后评头论足一番，显得特别满足。在大草原观众的心目中，这三位新旅团员是了不起的大明星。

新旅走到杭锦时，一些蒙古王公贵族以为他们是南京政府派来的，用"乘坐大轮车"最高礼仪招待他们。那轮子直径有一人多高，这种大轮车子平时只有王公贵族本人才有资格乘坐，是身份的象征。新旅所有人分乘三辆大轮车，车后尾随着许多人，儿童和妇女手舞足蹈，时而唱歌，时而欢笑。所到之处，人群簇拥，欢呼声震耳欲聋。新旅除了放电影，还分头到蒙古的小学教唱歌曲，进行抗日演讲，与王公贵族、大喇嘛进行座谈，传播民族团结、共同抗日的理念。

喇嘛庙的大喇嘛们不但向新旅小朋友开放了从不向汉人开放的宗教禁地，而且主动把佛器作为礼品送给他们作纪念。

抗日救亡宣传就这样在大草原上如火如荼地开展着。有一天，新旅的几个小朋友正在跟当地的小学生一起唱歌、跳舞、游戏，只见几个彪形大汉骑马疾至，将张牧、左义华、张早三个人抱上马就跑了。有人向汪校长汇报："不得了，有坏人将我们三个人抢走了。"在当地蒙古人的带领下，新旅所有人一起向那几个"强盗"逃走的方向追去，追了一个多小时，终于发现了他们。原来新旅在多个地方放电影、教小朋友唱歌，就是没有到他们这个地方来，于是他们合计把新旅的人抢过去。这真是与众不同的邀请啊！吓死人了。

四个多月里，新旅参观了扒子补隆和硕公中心垦区，在这里访问了戍边的军人，其中有一支是从东北进入苏联的义勇军，他们也被安置在这里。新旅在乌拉山麓和黄河两岸的抗日宣传和新文化传播，一定程度上融洽了当地蒙汉民族以及军民的关系，当地蒙古人夸新旅是"好汉人"。

在绥西宣传期间，"卢沟桥事变"爆发，中华民族开始全面抗战。徐志贯在当地的报纸上看到消息后，激动地说："现在，我们宣传抗日没有阻力了，应该更加大胆地进行抗日救亡宣传。"

经过热烈地讨论，新旅决定，继续西行，前往宁夏石嘴子。至于怎么去，徐志贯提出两个方案：一条是陆路，骑骆驼过沙漠；二是走水路，租船逆黄河而上。小朋友们都没有骑过骆驼，想走旱路。汪校长思考了一下说："听说，这一路上商队、行人经常遭到土匪打劫，只怕我们一行人带着贵重的放映机、发电机，土匪们早就瞄上了。依我看，还是走水路，虽然慢，但更安全。"

小朋友们一听说旱路上有杀人不眨眼的土匪，便不再坚持了，表态同意走水路。在水路上，没有遇见土匪，但是遇到了狼。那些饿狼在岸上滴着口水跟着船走，早把小朋友当点心看待了。晚上休息的时候，船夫将船锚下在离岸两米远的地方，那群狼眼冒绿光，小朋友们不敢睡觉，担心它们跳上船，或者其中的游泳高手凫水过来。

几天后，船抵石嘴子。安排好住处，他们去拜访当地的驻军。来前已经了解过，宁夏是大军阀马鸿奎的天下，以回族军人为主，而这个旅是清一色的汉人。来到军营，徐志贯拿出"请赐鸿辞"的题字簿给旅长看，当看到冯玉祥的题词时，他面带喜色地问："你们见过我的老长官？"

徐志贯兴奋了，掏出照片，说："您看，冯将军对我们可好啦，请我们到他家里吃饭，这是我们跟他的合影。"

旅长接过照片，端详着说："还真是冯司令，就是头发有点白了。"他还了照片，接着说："我的队伍里有不少是冯司令的老部下，你们今天来了，需要我们帮什么忙，尽管开口。"

徐志贯说："旅座，现在全国都在抗日，我们是来官兵中慰问演出、播放电影，宣传抗日的。"

"欢迎！欢迎！"旅长拱手作揖。

新旅分成几个小组，到各营组织官兵学唱抗日歌曲，组织连与连、排与排的唱歌比赛，把原来平静的军营搞得热火朝天。西北偏远，不要说看电影，很多人连"电影"这个词也是头一回听说。在各营巡回放电影最受欢迎，放映前营、连拉歌，抗日歌声此起彼伏。影片《一·二八淞沪抗战纪实》中十九路军英勇抗敌的画面，深深地触动了他们。官兵们表示，只要还有一口气，只要还没流尽最后一滴血，就不让敌人前进一步。

新安旅行团来到部队不到半月，就与官兵们建立了良好的关系，提振了部队士气。旅长非常高兴,决定搞一次"围羊联欢"来犒劳新旅。

围猎野羊听起来就充满了神秘与欢乐。头天晚上,负责警卫侦察的部队在预设围猎区挖了壕沟,并做了伪装。翌日清晨,新旅队员随一百多名官兵奔向附近的草原,在野羊出没的地方形成了包围圈。突然,在西南角的一个土山上,军号响了。士兵们听到号令,蓦地大吼着,并迅速跑动起来。受惊的野羊六神无主,横蹦竖跳,互相踩踏,乱撞乱叫。所有人呐喊着收缩包围圈,野羊被逼得纷纷跌进壕沟,成了瓮中之鳖。士兵们擒羊宰杀,挖灶架锅,或煮或烤。新旅的小朋友分散在士兵中,帮助拾柴烧火,和他们聊天谈家常。约莫一个小时后,羊肉宴做好了。小朋友们津津有味地品尝,野羊肉膻味很浓,味道却出奇地鲜美,那种特殊的美味令他们终生难忘。

第二天一早,新旅的小朋友背起行囊,告别石嘴山,没走出两里地,有一辆大卡车追来了,卡车戛然而止拦在队伍的前头。旅长跳下车说:"我是来给你们送行的,没什么贵重的礼物相送,只有一些野羊肉、一筐白兰瓜,每人一件'滩羊皮袄'。"

西北的冬天寒冷,"滩羊"的羊毛厚,做成皮衣非常暖和,在西北没有一件"滩羊皮袄"没法过冬。汪校长向旅长深深地鞠躬,说:"这正是我们缺少的东西,那我就代孩子们收下了。"

新旅的全体成员向旅长和其他送行的官兵鞠躬致谢。

1937年9月18日,新旅来到平罗县城,邀请各界人士代表参加"九·一八"六周年纪念大会,组织中小学师生示威游行。下旬,新旅抵达银川进行了抗日宣传活动。12月到达甘肃平凉的时候,徐志贯、张杰、张牧走进"抗战书报供应社",无意中浏览到《新华日报》等进步报纸杂志,获知了陕甘宁边区政府的所在地在庆阳。他们仨商量,去边区联系共产党，由徐志贯把听到的情况向汪达之汇报，建议新旅进入边区向共产党学习宣传抗日。

汪达之听到这个消息也十分兴奋，考虑到徐志贯比较成熟，让他单独去庆阳接洽。

徐志贯只身奔赴陕甘宁边区的庆阳，向中共陇东特委介绍新旅的情况，并表示他在安徽巢县时，通过中共地下党员舒政敏，了解到共产国际以及中共工农红军的情况，又在上海国难教育社和救国会获悉中共在法国出版的《救国时报》等报刊，阅读了《八一宣言》《抗日救国十大纲领》等文件，系统地领会了中共的抗日主张，新旅中有三个人要求加入共产党。中共陇东特委秘书长黄欧东应新旅要求，委派特委干部牟永春和少共团员苏纯俊到平凉，帮助新旅开展宣传工作，并考虑在新旅中建党。

牟永春一到新旅就找人谈话，了解每个人的情况。苏纯俊则教团员们跳红军宣传队的节目《儿童舞》《海军舞》《乌克兰舞》，还有用秧歌形式编排的《打倒日本升平舞》。大家打着节拍跳呀、唱呀，尽管没有乐器伴奏，但大家还是感到既快乐又新鲜。

一天下午，牟永春把徐志贯、张杰和张牧带到了那家"抗战书报供应社"，几个人走进柜台后面的一间小屋里，牟永春同志介绍三人与平凉地下党的一位同志见面，才知道这里是地下党的一个秘密联络站。这位地下党领导要求每人填写一份入党志愿书，入党志愿书上的姓名一律要用化名。他说："这是为了防止暴露采取的必要措施。"徐志贯用了化名"维克"，张牧却一时想不出来。那人说："就叫'白金'吧！"张牧一听很不高兴地说："金子都是赤的呀！再说，蒋介石军队叫白军，这个名字不好！"那人听后"咯咯咯"地笑了起来，说："小同志，你不懂，有一种合金叫白金，又坚韧又耐磨，造火车、轮船都少不了它。"经他一点拨，张牧就同意用"白金"作为化名，填写了入党志愿书。

在西北高原这座普通的小屋子里，徐志贯、张杰、张牧三人举行了庄严的入党宣誓仪式。站在纸做的党旗下，他们心潮澎湃，难以平静。入党宣誓以后，他们举行了第一次支部会，根据牟永春同志的建议，支部推选徐志贯为支部书记，张杰为组织委员，张牧为宣传委员。鉴于新旅还要在国民党统治区活动，暂时不动员汪达之校长入党。在这次支部会上，各位委员还讨论了今后的工作，包括工作中要注意团结汪达之校长和其他几位团务干事，把新旅的工作做得更好！

新旅以独特的方式宣传抗日救亡，在大西北造成了一定的社会影响。1938年2月，国民党甘肃省政府主席朱绍良派遣军用卡车亲赴平凉迎接团员至兰州，并专门组织招待会，邀兰州文化界知名人士作陪，并且承诺为全团提供必要的物质支持，保障人身安全，以期将新旅挽留在其辖区工作。新旅婉拒其好意，但其依旧协助接洽陕西省政府以及解决从兰州至西安的交通经费等事宜。部分国民党爱国将领的热情姿态，初步改善了新安旅行团类似在华东地区四处碰壁的困境，进一步提振了新旅团员宣传抗日的信心。

事实上，新安旅行团的活动一直受到社会各界关注。经汪达之联系，当时的上海《儿童日报》"儿童公园"版开辟了新旅团员张敬茂的专栏。左义华（左林）和张杰、童常等人不断地用文字记录新旅的活动，包括北上劳军、西行宣讲等，相关稿件在上海、南京等地报刊刊载引起了部分读者的关注。

在兰州，八路军办事处的领导同志接见了新旅全体团员，鼓励孩子们在实践中成长。兰州八路军办事处负责人谢觉哉为新旅题词："以艺术武装你们的手口，以理论武装你们的头脑，在工作中锻炼你们成为铁的战士……"从中不难看出，新旅已经不是过去的民间社团，他们进入了党的视野，成为党领导下的抗日宣传团体，其目标是成为"铁的战士"。

在这里，新安旅行团与诗人塞克以及八路军西北战地服务团的王洛宾相遇。他俩了解孩子们远离父母、背井离乡、宣传抗战的事迹，深受感动，后来经常到新旅驻地民教馆看望小团员们，并联袂创作了《新安进行曲》：

新安，新安，

新中国的少年。

不怕苦，不怕难，

不怕敌人的凶残！

我们从抗战里生长，

一切都为了抗战。

抗战，抗战，

胜利就在眼前！

……

帅气豪放的王洛宾亲自教新旅团员演唱《新安进行曲》，还将这支歌编成舞蹈让新旅团员来演出。新旅将这首充满激情而又无比豪迈的歌从兰州、西安，唱到武汉、长沙，又从桂林唱到苏北抗日根据地。

到兰州不久，新旅就联系上了原新安小学台和中老师，他已经是兰州女子初级职业学校校长，新旅理所当然地把他所在的学校当成宣传阵地。头大、个子不高的范政到兰职附小最高年级一个班教唱歌，集合该班的时候，一伙女娃娃忸忸怩怩，一个把一个往前推，自己则往人后面躲。教唱的时候，她们也是个个捂嘴痴笑，就是不敢张口唱。范政大方地往这群女孩子面前一站，示范性地张开大口吼了起来："大刀向鬼子们的头上砍去……"女孩子们哈哈地笑出了声，不过这一笑，倒是扫除了羞怯感，她们便大声地唱了起来……

歌声飞出了教室，飞出了学校，飞到了大街小巷，更重要的是，也把这群女孩子的心带到了抗日战场。她们走上街头，举着"有钱出钱有力出力""团结起来，打到日本帝国主义"的标语小旗，向群众募集毛巾、茶缸、鞋袜等日用品，通过妇女慰劳会转到前线。

新旅除了教唱歌、演讲、演话剧、出壁报，还教集体舞。跳《渔光曲》时，女生益希卓玛动作过于绵软。

张早说："你这样软绵绵的不行。"

益希卓玛有点不好意思，不由得羞红了脸，低下了头。

"抬起头，看我示范。"张早说完唱着乐谱跳起来。只见他有力地伸开臂和腿，动作雄健英武。

益希卓玛及其他女生也都听着口令，跟着乐谱唱起来，跳了起来。张早站在一旁拍着节拍，口里喊："用劲！用劲！勇敢！勇敢！"这群女生柔弱的体内，似乎升腾起一股说不清道不明的力量，她们的舞姿更加奔放、舒展、有力。

新安旅行团在兰州的 3 个月里，放电影 14 场，观众 2 万余人（次），其中民众 1 万 5 千多、学生 4 千多。根据新的形势，他们制作了《全国总动员》《儿童与抗战》等好几套新幻灯片。排演了话剧《扬子江风暴》《最后一课》《炮火中》，并帮助两所小学排练了上述话剧，将12个剧本分送给3所小学和一个歌咏团。在兰州市主持了一次为期3天，盛况空前的游艺大会，发动兰州市大部分的演职人员参与其中，演了13场抗战剧。到中小学、政府机关、救亡团体等组成了9个歌咏团，表演抗日歌曲30多场次……

1938年5月，新安旅行团抵达西安。西安八路军办事处负责人向他们传达了中央领导的指示，要新旅到武汉去，继续坚持在国民党统治区开展宣传抗日工作。一直跟随领导新旅的牟永春、苏纯俊结束新旅工作返回陇东特委，团员凌则之、朱金山去抗日军政大学学习，团员张早去鲁迅艺术学院学习，统一由八路军办事处工作人员公开送去延安。其余人员6月下旬，在八路军西安办事处的安排下，乘军用列车离开西安。军列经过风陵渡附近时，遭到日军炮火袭击，炮弹在列车旁爆炸，有人伸头在窗户边张望，汪达之一把将其拉下，大声高呼："全都卧倒，趴下！"军列喘着粗气加速冲过了敌炮击区。

>>> 从武汉前线到后方桂林

1938 年 6 月底，新安旅行团抵达武汉，三个党员立即去设在汉口原"日租界"内的八路军办事处，向党组织汇报。

听了新安旅行团党支部汇报后，八路军武汉办事处的领导还专门约见了新旅的顾问汪达之。

汪达之平时总是穿一套深灰色的中山装，外出时戴一顶巴拿马式遮阳盔，提着黑色皮包，一副绅士派头。他脾气温和，口齿伶俐，说话慢言慢语，给人以良好的印象。

汪达之汇报，团体的经费极其困难，过去可以从放电影、卖书报的收入中解决一部分，到了文化比较发达的武汉以后，这些能挣点钱的事不得不停了下来，新旅面临的最大问题仍然是经费问题。八路军办事处建议，可以利用新安旅行团在社会上的影响力，要求军委会政治部给予补助。

没有经费补充，新安旅行团过着清苦的生活，没有一个人添过夏衣，天热了，他们还穿着厚衣服。徐志贯对大家说："干事会已经讨论过了，我们要加紧工作，扩大新安旅行团的影响力，进步人士会支援我们的。"为了进一步引发社会关注，新旅在社会名流经常出入的"普海春"茶楼举行记者招待会。1938年7月3日出版的《新华日报》报道："别看他们年纪小，他们的生活经验比大部分的大人都丰富，他们做了与大人们一样伟大的工作……"

为了动员民众参加抗战，云集在武汉的各界救亡团体联合举行了纪念"七七"事变一周年的活动，其中"献金活动"在武汉三镇统一举行。

徐志贯负责抗日募捐的"献金活动"，组织大家在汉口闹市搭了"献金台"，台上用红布装饰，贴上"有钱出钱，有力出力"大幅标语，鼓动民众以不同形式参加抗战。几位小朋友跳从红军宣传队学来的《工农舞》《海军舞》《乌克兰舞》《打倒日本升平舞》，武汉人都是头一回见。小朋友们动作优美，赏心悦目，唱起具有西北特色的民间抗日歌曲，别有一番风味，时间不长，新旅的"献金台"前围满了捐款的群众。一位老奶奶拿出十块大洋放在"献金台"上，刚离开两步，又转身回来，撸下金手镯，说："我年纪大了，要这个也没什么用，捐给国家打日本吧！"小朋友们一齐为这位奶奶唱《感谢歌》。活动结束，所有的"献金台"就数新安旅行团捐款最多。

张平主动联系武汉的广播电台，组织几个人在电台搞抗日歌曲直播。第一首歌唱的是《新安旅行团团歌》，中间穿插当时社会上流行的《打回老家去》《义勇军进行曲》等抗日歌曲，最后以《新安进行曲》结束，充满了新安旅行团的特色，通过这档节目，听众们了解到武汉来了一个会唱歌的新安旅行团。

张杰率队参加在武昌举行的歌咏大会。新旅在武汉新吸收了一位15岁的女团员苏红梅，她人长得漂亮，拥有一副金嗓子，还擅长舞蹈。

张杰和黄中一商量，专门为苏红梅创作了新歌《丈夫去当兵》。演出那天，各单位和团体都拿出了看家的本领，轮到新安旅行团了，化妆成小媳妇的苏红梅落落大方登台，有观众喊："那么小，扮得像，太可爱了！"观众眼盯着她，一秒钟也不挪开。这首歌塑造了一个爱国妇女的形象，生活气息浓郁，歌词通俗易懂，伴奏音乐声起，苏红梅声音甜美、委婉动听，台下掌声雷动。

童常、范政、任干代表新安旅行团参加一个四百多人的"自由演讲"大会，事先并不知道要演讲的内容，在"主席致辞"并提出演讲的要求后，童常在台下三言两语地向范政交待了要上台演讲的内容，他听后便一声不响地在一边独自出神。当轮到新安旅行团"自由演讲"时，范政自信地大步走上讲台，介绍新旅团体的经历，讲述各地民众不愿做奴隶和要求抗日的故事，最后还表达了誓死要将抗战进行到底的决心。他的演讲慷慨激昂，感情丰富，姿态优美，时长不过五分钟，便在热烈的掌声中跳下讲台。一个十四五岁的少年，能把道理讲得如此透彻，故事讲得如此生动，参加活动的各代表队及听众由衷地惊叹，新安旅行团的小朋友了不起。

7月7日晚上，在汉口举行的火炬大游行，是武汉三镇纪念"七七"事变一周年规模最大的一次活动。参加活动前，大家一起讨论如何在参加游行的上百家团体和单位中表现得更突出。张牧提出，游行中采用"一问一答"的形式吸引群众，该提议得到了大家的认可。

由于新旅在纪念活动中出色的表现，又全是小孩子，新安旅行团充当游行队伍的"先锋队"。

天黑后游行开始，新旅的队伍高擎燃烧着的火把走在最前面。

行走中，徐志贯大声问道："你们在做什么？"

全体人员同声高呼："我们在举行火炬游行！"

徐志贯问："为什么要游行啊？"

大家高呼："纪念'七七'抗战一周年！"

……

新旅用一问一答的方式，将待在屋里、商店里的人召唤出来。他们站在大街两侧，自然形成了欢迎游行的观众队伍。

紧接着，游行队伍高呼口号，高唱抗日歌曲，鼓动民众把抗战进行到底。

就在火炬大游行后不久，北线的日寇已经沿着平汉路打到了武胜关，沿长江而上的敌人也已经到了武汉外围。大批军政机关撤离，新安旅行团除留下少数人坚守武汉外，其余人搭乘军委后勤政治部的小轮船去长沙，住在韭菜园原先孤儿院的大院子内。

1938年10月，留在武汉的4名成员以"新安旅行团第二团"的名义，在汉口一元路上的战时儿童保育院召开新旅建团三周年招待会，陶行知、王洞若、任光、田汉等许多知名人士都到会讲了话，并参观了四周挂起的介绍团体三年来的工作和生活照片。招待会开得很热烈，陶行知看到此情此景，看到遵循他的理念成长起来的孩子，非常高兴，随即赋诗一首："人从武汉散，他在武汉干；一群小好汉，保卫大武汉。"

10月下旬，武汉沦陷前几天，张平等人带上几个刚加入新安旅行团的新团员，跟随八路军驻武汉办事处的留守同志撤出武汉，前往长沙。临走前，王德威用驴皮胶拌红土，在江汉关麻石子大堤写下了"打倒日本帝国主义！"的巨幅标语。听说后来日军占领武汉，很久都没有能把这条标语擦掉。

在长沙，汪校长告诉大家经费问题有着落了，新安旅行团作为军事委员会政治部的"特约"团体，解决45个人编制。从此，新旅的生活、活动经费就有了保障，这真是让全团人都开心的好消息。

新安旅行团以极大的热情参加了包括"长沙联合歌咏团"在内的多场演出活动，举办了"欢迎援华印度救护队"的大会，积极做力所能及的伤兵服务工作。两个半月后，日军紧逼长沙，新安旅行团临时接到命令，取道衡阳，沿湘桂铁路向桂林方向撤退。

1938年底，新安旅行团撤到桂林，队伍发展到80多人，其中增加了不少小团员，成立了儿童部。

新安旅行团工作出色，对于学习一直抓得很紧，学习的内容也非常丰富。就拿儿童部的孩子来说吧，他们不仅要学文化、艺术，还要学政治理论、社会科学，每天的生活既紧张又活泼。清晨起床跑步、做操、学习舞蹈、练嗓子、唱歌，白天除了日常宣传工作就是集体学习，晚上不是开会就是自学，总之，孩子们如同生活在学校里，快乐健康地成长。

新来的孩子大多出生在城市，文化功底扎实，但艺术方面是一片未开垦的处女地。编在儿童部、年仅九岁的张渔是在长沙参加新旅的，根据形势和工作的需要，张渔必须尽快地掌握一两门艺术技能。从兰州加入新旅的8岁王德乾负责教他学习唱歌跳舞，张渔勉强还能跟得上，但学快板就难了。

有一天，王德乾拎着一副快板，找了一个最简单的《抗日十字歌》来教他："一字长条一杆枪，拿起枪来打东洋。二字就像筷子一双，军民合作力量强。三字横看像川字，川流不息上前方。"

王德乾说的是一口纯正的国语，好听极了，而张渔说出来的全是又红又辣的湖南长沙话，怎么样教他就是学不会，连舌头都卷不过来。王德乾急得直怨："哎呀！你怎么这样笨？"

12岁的王德乾的哥哥王德威正好经过儿童部，他对弟弟说："因材施教，不要难为他，跟我学画画得了。"

王德乾开心得眼睛眯成一条缝说："你还别说，他来我们团第一天晚上，就在床单上画了幅地图，要说画画，他有天赋。"

桂林虽然是大后方，日军的飞机却能够得着，时不时来轰炸。光1938年11月30日这一天，就有49架敌机来袭，房子被炸塌，丧失亲人的民众伤心欲绝。群众需要安定，共赴国难的民心需要被唤醒，广西省政府安排新安旅行团去民众中宣传。有一天，新旅正在郊区去执行宣传任务。突然，日寇的飞机又来了，飞得很低，嗡嗡地吼叫着，像讨厌的苍蝇。大家各自分散隐蔽，曹维东隐蔽在上一次轰炸时炸出的一个大弹坑里，等了一会儿，觉得无事可做挺无聊的，于是掏出一本书看了起来。炸弹一串串地从飞机上投下来，在附近爆炸，声音惊天动地。扔下炸弹的飞机终于飞走了，全体人员集合独不见曹维东。这下可急坏了大伙儿，王德威急得快掉眼泪了，他大声喊："曹维东，你在哪？"大伙也跟着一起喊。可是，专心致志看书的曹维东根本听不到，大伙分头去找，终于在那个炮弹坑里找到了他。王德威跳下去，朝着他的屁股就是一脚说："你这个家伙，把大家都急坏了。"随后把他拉起来，又是搂，又是抱。

王德威说："飞机轰炸得这么厉害，你怎么还在看书啊？"

曹维东自豪地回答："轰炸是我们的上课钟！敌人在轰炸，我就在上课！"

王德威捣了他一拳："你真行啊！"

曹维东看着周围一张张满是泥灰的笑脸上挂着的泪迹,才知道大家为他担心,不好意思地低下头。

敌机来轰炸时,总有一些汉奸和敌特分子为飞机放信号,他们往往混在老百姓中,不容易分辨,让搜捕的军警头疼。新旅利用敌特分子一般对小朋友不太在意的优势,要求参加捉敌特的战斗。

小朋友们脱下军装,打扮成普遍的孩子模样,分成若干小组,散布在敌特可能出现的地方。

范政、王德威、王德乾分在一个组,他们一会儿玩抽陀螺,一会儿玩滚铁环,不时观察周边人的神色。这时防空警报响了,一个瘦瘦的男人没有随群众一起去躲飞机轰炸,却爬上了一棵树,几个人悄悄地尾随他,发现他在树杈上放了一块圆镜子,反复调整着镜子摆放的角度。那人放好镜子往树下溜的时候,王德乾吹响了报警的急促哨声,大家一拥而上,那人挣脱后,想逃跑,几个人在后面紧追,边追边吹哨报警,同时大喊"抓汉奸"。附近的军警很快就加入了捉拿敌特的队伍,不出三十米,那人便被军警摁倒在地。

在抓汉奸敌特的战斗中,新安旅行团的小朋友在不同的地点共捉到了8个,另一个儿童团体"孩子剧团"捉到了2个。可见,新旅小朋友战斗力不一般。

对付日本飞机轰炸,最好的办法就是躲进洞里。桂林有20多个大小不一的岩洞,都是躲避空袭的好地方。当时桂林最大的综合性公园叫七星公园,七星岩的岩洞是其中的著名景点,东西贯通,长达三公里,可容纳上千人,是天然的防空洞。

桂林的独秀峰是全市制高点,在市区不同角度都能看到,防空部门在山顶上设有预警分队,只要飞机来袭,他们就升起一个硕人的气球，军民看到它，或者听到防空警报，立即钻洞躲避。

市民们躲在洞里无事可做，这正是开展抗日宣传的最好场所和机会，新安旅行团在岩洞里举行国难宣传演讲、日军罪行展览、教唱抗日歌曲等活动，帮群众从恐惧的情绪中解放出来，鼓舞他们抗战到底。

美术组的王德威在七星岩洞壁上写了"敌人在轰炸，我们在上课！""岩洞是我们的好课堂！"等巨幅标语。

战时形势宣传组在洞口开辟了"战时形势展厅"，一根绳子上挂着几十张精制的画片，上面有日军烧杀奸掠的照片，旁边还配有漫画。范政手拿小木棒，一张张地解说："这张是烧，日本鬼子放着火，把人们的房屋财产都烧光，把我们从家里赶出来了……"

在一幅两丈见方的中国大地图上，有两个黑色箭头表明敌人进攻西南和西北的阴险企图。

张渔向群众高声说道："你们想知道最近三天我们和日本打仗的情况吗？我就借这张图向各位介绍一下……在敌人的后方，我们的游击队很厉害，前天弄翻了一列拉军用物资的火车，昨天又打死了三四十个敌人，现在日本鬼子不敢走出济南城一步……"

歌咏组几位穿草绿小军服的新旅队员，结合起来先唱了几首抗日歌曲，优美高亢的歌声吸引了在这里躲轰炸的小朋友。黄中一对小朋友们说："现在教你们唱打倒日本的歌好不好？"小朋友们都说好。新旅的队员们教一句，小朋友们跟着唱一句，几个回合，他们就能唱这首歌了。一天下来，小朋友们能学会五六首抗日歌曲。

徐志贯还专门创作了《岩洞教育歌》并教大家唱，歌词是这样写的：老百姓天天忙匆匆，没有钱也没有空。平时想把书来读，好似蛤蟆上天宫。敌人送来好机会，岩洞是我们的好课堂。洞外敌机在轰炸，洞里歌声比它响。认几个字儿听个讲，国家大事来商量。知识好比大炸弹，帮助我们打胜仗！

在洞里，新安旅行团把大家组织起来，想识字的编进识字班，想唱歌的进入歌咏队，啥也不想学的，就听演讲。就这样，新安旅行团把岩洞办成了一所抗战大学校。

有一天，从八路军驻桂林办事处回来的徐志贯安排岳荣烈和张渔去找苏联塔斯社的记者卡尔曼，请他到岩洞来拍摄纪录片。

当时卡尔曼正在给广西的学生军拍纪录片，没经过太多的周折，两个人就找到了他，向他介绍了新安旅行团的情况，并请他转交给苏联小朋友一封信。信的内容是这样的：

亲爱的苏联小朋友们：

我们的国家正在进行抗日战争，这是一场争取和平的战争。你们在 1917 年开始了愉快幸福的生活，全世界儿童都应该携起手来，勇敢地前进。我们请求并希望你们能帮助我们……

中国新安旅行团

1939 年 2 月 6 日

对于专程赶来中国记录抗战的卡尔曼来说，少年儿童抗战是一个独特的素材，他非常兴奋地举着手里的信说："苏联的小朋友也非常关心中国的抗战，你们写的这封信，我一定会想办法登在苏联的《少年先锋队消息报》上，让全苏联的小朋友都可以看见。"

卡尔曼跟着他俩来到了七星岩洞，用摄像机拍下了新安旅行团一天的工作和学习生活，他还专门录了新旅排演的舞蹈《抗日大秧歌》。临离别时，卡尔曼对小朋友们说："这部纪录片的名字就叫《小英雄》好不好？"大家都说"好"。

后来，这部纪录片加在苏联儿童故事片《小英雄》的前面放映，那封信也在《少年先锋队消息报》上刊出，就这样新旅的事迹传到了苏联。

1939年冬，新安旅行团应中华职业教育社邀请，派出新旅贵阳工作组组长张泉、副组长聂大朋，带领徐畹华和儿童部的王德威、张权、张渔，到贵阳市履三小学工作学习一年。

王德威在这里充分展示了他的特长，他设计制作了多张纸拼成的大壁报，画面上是一辆正在冲锋陷阵的坦克战车。巨大醒目的大壁报刚贴上墙，就吸引了众多行人驻足赞赏，起到了不同寻常的宣传效果。

战时儿童保育会在贵阳举办12岁童孚画展，展出其风景、花鸟、山水、松竹之类的山水画。这次画展还有一个特别项目，就是在展览期间举行儿童绘画比赛。

当年，王德威也是12岁，代表新旅报名参赛。童孚也是参赛者，他身材小巧，穿着讲究，挥笔有大师风度。他画了半天的还是花鸟、风景等展出风格作品，围观者没了兴趣，纷纷转向画"工农兵学商抗日大游行"的王德威。这是"保卫大武汉，抗日大游行"的现场再现，游行队伍中有振臂高呼抗日口号的少年儿童，有络绎不绝的群众队伍，天空还有被我方空军击落的敌机冒烟坠落的场景，内容丰富，栩栩如生。画毕，王德威还用艺术体写上了"抗战到底"几个大字。

那位"神童"画家因见没多少人看他的作品，也从人缝中挤进来观赏，看到王德威的这幅画，他惊讶地张着嘴巴，没想到竟然有同龄的小画家能画出这么新奇现实的好作品，他也夸赞王德威画得好。有观众啧啧称赞："看这画真是长中国人的志气！"各校美术老师和行家们议论，这么复杂的画面布局，竟然主题鲜明，有条不紊。

评奖时，观众和大多数评委都认为，小画家王德威的画最好，当然是第一名。主办方担心画展展主桂冠旁落，会受到青睐"神童"的蒋夫人怪罪，坚持童孚第一名。最后双方妥协，决定两人都得第一名，发同样的奖品。"神童"画展大赛，就这样在热烈的掌声中结束。

一年后，新旅贵阳工作组结束工作回广西桂林。新安旅行团要演出舞剧《虎爷》，特邀著名画家周令钊担任舞台美术设计，他指名一定要王德威做助手。这样，王德威又成了舞剧《虎爷》工作中最活跃最积极的一员。他不怕苦、不怕累，哪里需要就往哪里冲，是一名出色的新旅小战士。

1940 年 4 月，大西南的形势发生了变化。桂林行营政治部主任梁寒操不仅要求委任专员直接领导新旅，而且要求全体团员半个月后参加"集体加入国民党"的仪式，否则取消津贴。对此，八路军桂林办事处领导认为在国民党"反共"之际，切勿效仿此前在武汉拒绝陈诚的生硬办法，以免被国民党以"通共"为名而查禁，故提出权宜之计，让汪达之、徐志贯、嵇钰象征性地加入国民党，以避免国民党对该团政治属性生疑，另外请李济深协助疏通，力争国民党放弃新旅全团入党的要求。后经多方的努力，梁寒操最终勉强同意了上述意见。该风波平息后，八路军办事处领导认为，身兼团务总干事以及党支部书记的徐志贯，自出发以来一直非常活跃，经常抛头露面，极有可能随时成为国民党监控的对象，故秘密将其送至延安。

1940年5月，国民政府军事委员会又临时发布了改编新安旅行团的政令，要求将年纪小的团员送进学校读书，大一点的分放在政工团，并停发了津贴，导致全团再度陷入经济困窘和组织非法的双重危机。顾问汪达之赶到重庆交涉。出面接见的军委政治部秘书长咆哮如雷，历数新旅的"八大罪状"。汪达之百般解释，全无效果。短短几天，他头发都急白了，上厕所时，竟然"扑通"一声晕倒在地上。

该怎么办呢？新旅的全体团员开会讨论。阴影，笼罩在新旅每一个人的心头，会场上一时鸦雀无声。

"小画家"王德威第一个提议："大家都自费，爸爸妈妈一定会帮助我们的。"

张渔说："这个月我还有五毛钱，捐出来大家用。"

还有人提出，"这个月我不要零用钱！"

炊事员王德银捧出四十块光洋，这是他的工资和逃难时带在身边的积蓄总和。他说："你们小小年纪就出来抗日，我把这些钱都捐出来，今后做饭也不要一分工资！"

张平双手捧着大家捐出的钱，虽然不多，但沉甸甸的，这可是大伙的心啊！

那天，范政特意拿来一块红布，画上大拳头，写了一行字："不管国民党怎样压迫，我们要克服困难，奋斗下去！"后来，大家都一一签上了自己的名字。

困难毕竟太大了，为了团体的生存，新旅被迫做出精简40个人的决定。年龄小的回到父母身边，家在桂林的回家，两个老团员也分别被安排到重庆和贵阳就业，对外宣称新安旅行团已经解散。

临别时，被确定离开的人流着眼泪，依依不舍。范政心里有种说不出的滋味。但是，他不愿意让伙伴们带着这种情绪离开团体，也不愿意用这种情绪来送别自己的伙伴。他饱含真情地即兴朗诵了刚刚写就的一首诗：

　　朋友啊，同志！

　　抬起头，挺起你的胸膛朝前走。

　　敌人不怕眼泪，它只认得拳头！

　　今日漓江暂别，让我们相会在鸭绿江头。

　　……

　　离别时，所有人都哭了，他们相拥而泣，难舍难分。

　　1940年9月，新旅选址桂林郊区致和村恢复了新安学校，用学校掩护革命工作。复建新安小学开展革命活动都需要经费，为此，新旅排演了大型舞剧《虎爷》。这个舞剧分为四幕：第一幕《旧的生活》，第二幕《旧的毁灭》，第三幕《新的在孕育中》，第四幕《新的实现》。内容大意是某一个沦陷区内的大地主"虎爷"依仗女婿在省里当官的权势，压迫当地人民。他有两个儿子，大儿赵德光，很早就加入了国民党，当上了国民党军队的参谋，成了"虎爷"的继承人。当日本军队侵略中国后，"虎爷"所在的农村也成了沦陷区，他只能携带着妻子和亲信逃到大后方躲藏起来，四处打听大儿子赵德光的下落。二儿子赵德兴受到爱国青年的影响，不愿跟随"虎爷"逃走，就地参加了沦陷区的游击队。经过了艰苦的斗争，人民武装大反攻的一天终于来到了，农民们重建家园，唱着建设新中国的进行曲。全剧约一百分钟，公演后轰动桂林城。

　　鉴于当时的形势，八路军桂林办事处指示新旅派人前往皖南联系新四军，以便在遭到不测时能有落脚之地。新旅安排党员张杰秘密前往安徽省泾县罗里村云岭，见到了新四军的几位首长。圆满完成接洽任务后，他在返回的途中，收集了敌后军民英勇斗争的素材，回团后写出了《敌后的孩子》一书，挣来的稿费全都交给了组织。

　　1941 年 1 月，"皖南事变"爆发，新四军遭到国民党反动派袭击，损失惨重，新旅原来打算转到皖南的计划落空。上级指示新旅，从1941 年 2 月起，分期分批经湛江、香港、上海秘密转移到苏北解放区。

>>> 小英雄血染水稻田

　　新旅从桂林分批向苏北转移，千里迢迢，水陆兼程，还要几次经过敌占区，几十个人平安地转移到苏北根据地，真不是件简单的事情。经过新旅党支部集体讨论后决定，先派张杰作先遣组的领队，负责打前站。

　　张杰欣然接受了这个任务，他提议带上范政和张天虹。张杰说："范政前两年跟随金山的救亡剧团到过香港，还去过西贡、新加坡，熟悉海外情况；张天虹是广东人，可以解决沿途语言不通的困难。"他的意见得到大家一致赞同。先遣组立即准备行装，确定了三人之间的关系，想好一路上应付盘查的种种方法就出发了。

　　按照事先的约定，张杰离开后每天都给尚未离开的团员写信报平安，介绍他"探亲"路上的情况。半个月后的一天，在桂林的团员终于收到了"我已经到达香港，见到了阔别多年的家人"的暗号信。见信后大家高兴极了，第二批人员在张平的带领下出发。

　　张平、岳荣烈、承明化装为兄妹，张拓、韩枫和郭华化装成兄弟。动身前，团里给他们赶制了一身当时流行的灰蓝色学生装。1942 年 2

月下旬，6 人悄悄离开桂林，先坐火车到柳州，在一家旅店住了一夜，改为步行，走了六七天，经过广西贵县、玉陆川，广东廉江，才到达法租地广州湾（现湛江）。他们打听到有一艘法国邮轮有部分到澳门的船票，于是上了这艘船，因为风浪太大，几个人晕船，吐得死去活来，在海上航行了两天两夜，才到达目的地澳门，随后又乘船抵达香港。

后面的人也都是三五个人一批，到 8 月底全部离开了桂林。所不同的是，他们从广州湾直接去香港。

香港八路军办事处接待并负责转送新旅全体人员去上海。当时从广西陆续撤退到香港的还有一大批中共地下党和进步人士，他们一部分与新旅的小朋友混编，大部分新旅团员独立编组，乘坐法国客轮，经过三天航行抵达上海，住进英法租界的惠中、东方、亚洲等旅社。

交通员戴方俊给张杰他们换上从地摊上买来的旧衣服，教他们学几句苏北话，以应付日伪军的盘查。经过细致的准备，先遣小组坐上客轮，在长江上行驶一夜，第二天天亮到达南通海门青龙港，上岸后步行到如东掘港镇苏中交通站。1941 年 4 月，在沿途地下交通站的帮助下，经李堡、伍杰等地，张杰率领的先遣小组到达了盐城。

新四军首长热情地握着张杰的手说："欢迎！欢迎！前年就准备迎接你们来了，幸好你们现在才来，要是早来，说不定也会在皖南被反动派包围了呢！"另一位首长说："现在大队伍还没到，你们先到的就把分团的旗帜打起来嘛！"

6 月 1 日上午，新四军领导宣布，新安旅行团苏北分团正式建立，首要任务就是进行文艺练兵。岳荣烈、陈明负责舞蹈，张天虹、韩枫负责歌咏，张拓和范政负责排戏，张杰和郭华负责政治学习。在集训过程中，聂启坤和黄明也从上海来到盐城，分团也按照桂林的老传统，分为：少年部，部长是范政；少女部，部长是岳荣烈；儿童部，部长是黄明，辅导员是聂启坤。

"拿什么节目作为送新四军首长的见面礼呢？"孩子们商量的结果是选新旅在桂林时期最受欢迎的童话歌舞剧《春的消息》、儿童话剧《为了大家》作见面礼，这些节目的主要演员基本上都到了，加上张天虹指挥歌咏，他们认为肯定可以取得开门红。

党的生日那天晚上，新旅在军部大礼堂举行了到苏北敌后的第一次演出。党政军首长都来了，还有直属队的干部战士。歌舞剧《春的消息》由三个部分也就是三首曲子组成：第一首《冬》，孩子们在大雪冰封的寒冷季节里饥寒交迫，紧紧缩成一团，肩靠肩地挨在一起互相取暖，熬过严寒的季节；第二首《布谷鸟飞来了》，鸟儿唱起"布谷"的歌声，冰雪消融，大地苏醒，和煦的春风吹拂着孩子们的面庞，随着布谷鸟的歌声，孩子们像春天的小草欣欣然地成长；第三首《前进吧，苦难的孩子》，希望与梦想给在生死线上挣扎的孩子以安慰和鼓舞。新旅演出非常认真，格外卖力，掌声听起来很响亮，但观众情绪并不热烈。首长们看完戏都到后台来向大家问好，却没有对剧目发表什么意见和感想。只有新四军政治部钱俊瑞部长临走时，转达了陈军长一个意见，希望新旅到附近的上冈镇演出一场，那里正在举行农民代表大会，可以听听农民的反映。

在上冈演出时，新旅的演出增加了秧歌舞。演出后，新旅征求农救会干部的意见，他们最爱看的还是秧歌舞，对于童话歌舞剧《春的消息》和儿童话剧《为了大家》，他们都说看不懂，不喜欢。这个反馈引起了新旅主创人员的深思，为什么自己认为艺术性高、在城市

上部 峥嵘岁月

73

中受欢迎的节目，到苏北农村来就不吃香呢？是观众水平太低吗？

接着新旅回到盐城又给抗大演出了一场，反应依旧平平。同台演出的还有抗大文工队，他们演的是小淮剧《红鼻子参军》，采用的是当地民歌配的曲，同新旅的剧目比较起来，观众对抗大的节目反应要强烈得多。

为什么观众那么喜欢本地曲调反映本地现实的故事呢？新旅分团一直思考这个问题。

隔了两天，钱俊瑞部长通知张杰和张拓，说军长找他们去一趟。

军长见面就问："你们演了几场戏，听到什么反映？"

张杰和张拓如实做了汇报。

"是呀！你们演的戏，我很喜欢，可是老百姓不大爱看，为什么呢？"军长和蔼地说，"我建议你们下乡去参加夏收，同群众打成一片，慢慢你们就会懂了，这是你们到根据地的第一课！"

"我已经安排好了，让新旅到盐城五区去参加夏收，"一旁的钱俊瑞部长说，"那个区的群众发动得最好！"

"就这么办吧！"军长拿笔敲着桌子说，"希望新旅小同志好好向群众学习！"

盐城五区在洪桥、小阜庄一带，离城大约十五里路。分团成员按小组分散住在老百姓家，群众对新旅孩子们亲热极了，拿出家中所有好吃的东西招待他们。新旅的人白天与老乡一起抢割早麦，傍晚就向群众学唱民歌小调，很多新旅的孩子迅速学会了本地方言，沟通感情就更容易了。

在五区工作了半个月，老百姓都舍不得新旅离开。可是，钱俊瑞部长来信，要新旅全团转到卢沟寺，参加盐阜区青年夏令营工作。临别时，他们再次演出了《春的消息》和《为了大家》，一些学生观众还能够接受，但看戏的农民仍然反映看不懂。房东老爹看完演出，回到家里对他们不客气地提意见："你们演的是学生戏，我们农民看不懂。"

新旅苏北分团领导和主创人员终于恍然大悟，在根据地广大农村中，学生占极少数啊！当然应该演农民、士兵能看懂的戏了。

在夏令营工作期间，张平、左林、张牧、孔方等先后从上海来到盐城。因为敌情原因，军部已经转移到湖垛。夏令营所在地正好在盐城与湖垛之间，他们好不容易才找到苏北分团。当晚，张平召集了一次党员会议，研究新旅到苏北后的工作打算。张平提出建议：要学习过去老苏区建立儿童局的做法，建立一个负责开展儿童运动的机构，新旅就在这个机构领导下，搞文艺宣传工作。

拿着这个计划，张平、张杰、左林、张牧去华中局和军部请示。

张拓因为正在发疟疾，他和聂启坤一起负责留守。"三张一左"临走时，张拓还托他们到湖垛镇上，顺便把前些天送去染色的一套定制幕布取回来。

不料，刚吃过早饭，突然听到湖垛方向有剧烈枪炮声。从镇上逃出的老百姓说，鬼子进了湖垛。张拓赶到夏令营营部，得知敌人开始扫荡，夏令营宣布就地解散。

日伪两万余兵力在飞机掩护下，分四路合击华中抗日民主根据地指挥中心——苏北盐城。宣传部部长钱俊瑞亲自到鲁艺传达军部指示：年老体弱的同志和文学系、美术系大部与院部编为一大队，留下随军部一起行动；戏剧系、音乐系大部分师生和普通班二百余人为二大队，由孟波、丘东平、许晴负责，向敌人侧后方转移。

7月23日下午5时，鲁艺二大队在陶家舍打谷场上集合，正准备出发的时候，新安旅行团的负责人张平、张杰、张牧和左林随着军部派来领路的刘参谋匆匆来到队前。刘参谋向孟波介绍："他们是到军部汇报工作的，因敌人进攻已无法归队，军首长指示，要他们和鲁艺二大队一起行动。"

早些年，新旅在上海时，孟波是他们几个人的音乐老师，突然在战地重逢，感到无比的喜悦，但情况紧急不允许多谈，他们随戏剧系主任许晴带领的一中队出发。

那是一次黑夜行军，加之雨后小路泥泞，在田埂上行走，一不小心就会有人掉进水沟或跌进稻田，摔得像个"泥人"。队伍抵达北秦庄时已过半夜，大家又饥又渴，非常疲劳。吃过稀饭，进行了简单洗漱，各班分头领稻草，打地铺安排休息。孟波和丘东平、许晴在秦家祠堂的阁楼上听取各中队汇报，还特别问到张平等四位新旅同志的情况。中队长张炳炎说："他们表现都很好，行军途中还帮助女同学背背包。张平一路拉肚子，听说是患了痢疾，他还是坚持着没有掉队，真是好样的。"听完汇报，孟波让卫生员给他送药。卫生员说："没有治痢疾的药，只能待天亮后从老乡那里找些大蒜给他吃。"会议结束，大家也抓紧就寝。

村庄的四周，蛙鸣此起彼伏，住秦家祠堂的学员、团员们鼾声不断。他们做梦也没有想到，一队日伪军正悄悄地袭来。

原来敌人探知《江淮日报》社转移到北秦庄，日伪军制订了袭击北秦庄计划，旨在一举端掉《江淮日报》社，掐断共产党新四军的喉舌。而《江淮日报》社已经于头天晚上转移，不知去向。鲁艺二大队对此并不知情，赶巧顶了《江淮日报》社，让敌人来了个歪打正着。

凌晨，从东南方向忽然传来一阵"嘟嘟嘟"的汽艇声，因为只有日本鬼子才有这种水上交通工具，一定是敌人追过来了。许晴和孟波、丘东平迅速做出决定：紧急集合，火速离开北秦庄。

鲁艺学员年纪在17岁到30岁之间，绝大部分长期从事文艺工作，随身携带的多是乐器、剧本、化妆盒，新安旅行团的4个人年纪小，也没有配武器。领队干部加上护送的战斗班几支枪，在强大的日伪军面前几乎不堪一击，这支队伍要想突围，注定是困难的。

汽艇的声音越来越清晰。许晴带领战斗班走在队伍最前面开道，丘东平居中照顾首尾，孟波在队后压阵。十几分钟后，队伍出了村庄，刚过东面的小桥不远，正好与一队气势汹汹的日伪军碰了个正着。

鲁艺和新旅的团员们从来没有与敌人正面遭遇过，受到袭击后，有人往回跑，有人钻稻田。张牧和张平则从原路向村里撤退，张杰、左林跟着许晴向东突围。可惜许晴的手枪仅有几颗子弹，很快就打完了，这位年仅30岁的戏剧家惨死在日军的刺刀下。

在这次北秦庄与敌军遭遇中，鲁艺华中分院的丘东平、许晴等20多位同志壮烈牺牲，其中多名女学员宁死不降，投河殉国，新安旅行团18岁的苏北分团团长张杰、22岁的总干事张平中弹光荣牺牲。

张杰，原名张根生，父亲是上海纱厂工人，大革命时期参加过中共领导的三次武装起义，后来在贫病交迫中去世，哥哥是中共地下党员，在革命家庭的熏陶下，张杰童年时期就在上海勤工俭学，参加了陶行知先生创办的"晨耕工学团"和"报童工学团"。1936年，哥哥不幸被敌人逮捕，他的生活失去了依靠。党组织及时派王洞若同志帮助他，专程领着他来到南京，介绍他参加了新安旅行团。张杰政治上积极要求进步，曾私下里悄悄打听新旅中谁是中共党员，他问谁谁都朝他摇摇头，都说不知道。张杰从前在上海当过报童，再次回到上海后，约上过去的报童朋友一起上街卖报，为新旅挣钱。音乐家聂耳很感动，写了著名的《卖报歌》（安娥作词）："啦啦啦！啦啦啦！我是卖报的小行家，不等天明去等派报，一边叫、一边走，今天的新闻真正好，七个铜板就买两份报！……"歌曲很快传播开，小朋友们都爱唱。

张渔回忆张平时，声音有点哽咽。他深情地说："我在长沙加入新旅时年纪尚小，张平安排我和8岁的方南君睡一张床，我们两个人都尿床，两人的裤子和被子经常湿漉漉的，也分不清是他尿的，还是我尿的。张平大哥却丝毫没有埋怨和斥责我俩，他为我们晒被子，又教我们洗衣服。后来，半夜里，他总是不辞辛苦地挨个唤我们起来小便，帮助我俩改掉了尿床的习惯。他晚上照顾我们，白天还要处理繁杂的事务，常在敌机空袭的间隙，顶着烈日四处奔走。看到累得满面通红大汗淋漓的他，我就把自己心爱的大圆盆帽借给他遮阳。他很高兴地拉着我的手说：'小弟弟，谢谢你！没想到你这么快就有了新安旅行团所倡导的集体主义精神。我一定会爱惜这顶帽子，更加努力地为大家服务！'1940年底，干事会改选总干事，团员们一致选举张平任总干事。1941年1月发生'皖南事变'，桂林的局势立刻紧张起来，新旅处于危险境地，张平代表干事会召集全体团员宣布决定：新安旅行团对外自动解散，儿童部的小团员都到桂林市郊致和村新安小学读书。会议结束时，他带领大家高唱《新安旅行团团歌》和《新安进行曲》，没想到，这竟然是我和张平大哥的最后一次见面。"

事后范政等人去河边、稻田里辨认死者，没有找到他们，又通过地下关系去了解被敌人俘虏的名单，也没有他们的名字。他们会不会是临时换了名字？或许是跑到别处躲起来养伤去了？大家怀着强烈的侥幸心理，总期盼着说不定有一天他们会突然归来。随着时间的推移，他们生还的可能性越来越小。一直等到十月，一切希望都破灭了，大家不得不承认现实，张杰、张平肯定是在那次敌人的突然袭击中牺牲了。两位英雄离开了战友，战友们也非常怀念他们。几个月以后，在新旅成立六周年的时候，补开了追悼会，悼念这两位在民族解放战争中牺牲的亲密战友。会上，许多人痛哭流涕，这是新旅成立以来的最大损失。

1941年夏天，新旅随盐阜区党委和行署驻在阜宁县小陈集。一个晚上，范政和张牧几个团员在打麦场上摊开芦席乘凉聊天。其他人都谈天说地，唯有范政躺在麦秆上，仰望着天空，看着星星，一句话也不说。原来他联想到半月前反"扫荡"失联的战友，正在构思歌词。他突然说："有了。"

其他人问："什么有了？"

范政说："歌词有了。"

张牧说："念给我们听听看！"

"歌的名字就叫《满天星》。"范政站起身来，仰望星空深情地朗诵起来：

青石板，板石青，青石板上钉银星。

银钉亮，银钉明。长空万里满布星。

星儿多，多得数不清，多不过英勇战斗的小英雄。

小英雄，有本领，戴着月，披着星，

黑夜里摸到敌军营，枪声放不停。

又喊杀声来又冲锋，手榴弹儿拼命扔，

轰轰轰！炸死东洋兵，我们得了胜！

小英雄，笑盈盈，满天星，亮啊亮晶晶！

大家听完范政的朗诵，都说形象生动，感情真挚，好极了！请他明天去小陈集找诗人林山指导。林山看后也说好，没什么需要修改的。最后由著名音乐家贺绿汀谱曲，成为至今还在流传的革命歌曲《满天星》。

>>> 融入根据地军民中

敌人的突然袭击，导致新旅苏北分团同军部失去联系。

新旅刚进入根据地不久，没有反"扫荡"经验，只记得要依靠群众这条真理。张拓副团长立即召集聂启坤、范政开了一次党员会，商量来商量去，最后决定还是回到五区，因为他们刚在五区参加夏收，同当地群众有联系，五区区委书记夏林又是桂林、香港时期的老朋友，于是这群少年连夜向五区转移。

四周到处都响着枪炮声，不免令年龄更小些的人有点害怕。途经的串场河已被敌人封锁，汽艇来回游弋，附近河上又没有桥，他们来到了一个渡口，却发现渡船还在对岸。趁敌人汽艇远去的空隙，张拓派了四个水性好的人游泳过河，把船划了过来，载上全部人员在夜色掩护之下，平安渡过河。待赶到五区区委驻地时，天快亮了。

经过紧张而艰难地跋涉，新旅孩子们又累又饿。正当他们捧着碗吃玉米粥的时候，突然前面的北秦庄枪声大作，大家又立即放下饭碗，紧急集合。根据区委的意见，新旅所有人暂时隐蔽到靠近小阜庄的一个偏僻小庄子里。

新旅的行动还是被敌人发现了，他们寻踪而来。当天半夜，有个群众突然跑到新旅的宿营地报告说"鬼子来了"。此时，村里鸡飞狗跳，鬼子已从村东头进庄，在这位不知名群众的带领下，小朋友们立即从村西头出庄。庆幸的是，由于群众带路和掩护，他们没有落入敌人的魔掌。

天亮后，行进中的新旅小朋友见到了五区区委夏林、陈光、许荣等同志，孩子们十分高兴。接下来区委领导带领新旅的小朋友们同搜索的敌人"捉迷藏"，转移了整整一天，好在当时稻谷已长得有半人高，小朋友们个子小，白天弯下腰走路不容易暴露，最后他们乘夜色掩护甩掉了敌人。

当所有人以为这下安全了，在一个小村舍休息时，放哨的范政突然远远地发现西边道路上来了一支部队，他让大家赶紧跑，气氛又紧张起来。眼尖的人仔细一瞧，说部队穿的是新四军军服，是自己人，大家才放松下来。带队是一位军部参谋，一见面就急切地说："好不容易找到你们！军长听说你们失去联系，命令我带军部特务团一个营来五区一带寻找，找不到新旅不准回去！"

敌人就在附近，这位参谋果断决定，天亮前冲破敌人封锁，急行军80里赶到顾集军部驻地，跟不上队伍的小同志一律暂时留在村子里打埋伏，之后，由民兵护送到军部。

新旅苏北分团抵达军部，孩子们从心里感到彻底安全了，开心地唱啊跳啊，立马将几日来紧张的情绪以及极度的疲劳抛到了九霄云外。

军部首长们听说部队把新旅的孩子们带回来了，一起过来看望大家。为了保护新旅团员们的生命安全，首长决定反扫荡期间将新旅编入直属队，随军部一起行动。

到此，新安旅行团还没有兵合一处。最后一批人员在汪达之的带领下，已于反"扫荡"前的1941年4月底至5月上中旬，由四分区武装人员护送，陆续到达苏中二分区的防地。苏中行政公署主任兼苏中军分区第二分区司令员管文蔚，几次登门看望和慰问，并举行了简朴而热烈的欢迎会。好吃好喝招待新旅的小战士们，并帮助他们解决生活上的一些困难，使新旅倍感温暖。

新旅是个十分有活力的团体，颇受各界欢迎和重视，管司令特地把九岁的小侄子管朝方送到新安旅行团锻炼培养。

因为敌人扫荡，汪达之带的部分团员无法回到盐阜根据地，滞留在二分区成立"苏中工作队"，工作半年之久，直到1942年1月反扫荡结束，二分区才派部队护送他们到盐阜根据地。

新安旅行团苏北分团与苏中工作队兵合一处，盐阜区党委决定正式建立新旅到苏北后的第一个党支部，张牧担任支部书记，聂启坤担任组织委员，张拓担任宣传委员。新旅驻扎东岔头，举行会合后的第一次团员大会，选举了新的团务委员会。张牧、纪宇、聂启坤、聂大鹏被选为团委，张牧为主任委员。新的团委会领导全团进行了一个月的整训。3月上旬，到单家港军部驻地，为参加华中局扩大会议的各师、各根据地领导干部举行了演出。

经过到苏北敌后根据地十个月的实践，新旅已经清楚地认识到，决不能再依靠桂林带来的老节目了，必须要进行新的创作。

第一个剧目是由张拓和岳荣烈、陈明合作编导的舞剧《反法西斯进行曲》。这部舞剧在结构上借鉴红军时代"活报剧"的体例，用三人舞来表现希特勒、墨索里尼、东条英机企图奴役全世界的疯狂丑态，用集体舞来表现反法西斯团结和斗争的力量。舞剧的音乐是由张天虹从现成的歌曲选编而成，用二胡、笛子、口琴、锣鼓组成一个小型乐队。张拓和王德威联合编导制作，使舞台效果有了较大的改善。范政写的说明词，能让观众更加明白舞蹈所表达的意思。

这次晚会上，演唱的歌曲也大多是新旅团员自己作词或作曲的。有范政作词的《满天星》，卢路作词、陈明作曲的《河里的鱼儿要用水养》，贺绿汀作词、陈明作曲的《打稻头》，张天虹根据民谣作曲的《张家姑娘是朵大红花》。

晚会还上演了范政编剧、张早导演的儿童话剧《中国小孩真可怕》，该剧反映的是敌后儿童同日本鬼子斗争的故事。"中国小孩真可怕"是剧中鬼子军官临死前的一句台词。

新旅还别出心裁地创作了皮影戏《奔波四万五千里》。张拓和王德威合作编导制作，范政写说明词，用皮影艺术形式向华中局及新四军领导同志介绍了新旅的战斗历程。

这台全部靠新旅新创节目组成的晚会，受到观众的欢迎，得到了军地领导的肯定。陈军长表扬说："你们真的与苏北根据地军民融为一体了！"

>>> 组织儿童十八万

　　就在这次演出后，新四军首长要求新旅在苏北率先组织起十万儿童，支持新四军，打倒日本强盗。新安旅行团立即把主要精力转移到少年儿童组织工作上来。

　　1942年4月4日，新旅团长张拓在《江淮日报》发表了《发扬儿童大无畏精神》的社论，号召把苏北儿童组织起来参加抗战。新旅在盐阜行署文教处领导下，以阜宁县为试点，到陈集、羊寨、白河、板湖、东沟各区开展儿童团组织工作。

　　4月下旬，盐阜区党委建立青年工作委员会，统一领导全区青年以及少年工作，由盐阜区党委宣传部长曹狄秋兼任青委书记，周维萍、王韦平为副书记，张牧、聂启坤、何方和张拓为青委委员。张牧和聂启坤因年龄超过18岁调离了新旅，由张拓继任新旅党支部书记，聂大鹏任团委会主任委员。

　　5月份，新旅全团分别组成阜宁、阜东、射阳、建湖、淮安、盐城、涟东等七个工作队，全面开花地组织儿童团。

　　6月份，为准备应对敌人可能的扫荡，不让一粒粮食落入敌人手中，新旅全团到阜东县参加夏收，孩子们冒着酷暑，同军民一起没日没夜地抢割小麦，休息间隙还为军民表演文艺节目。

9月份，新旅在羊寨结束了暑假整训活动后，新四军三师十旅文工团汤增桐同志带领部分小队员来新旅学习歌舞，张拓带领新旅文艺骨干为他们举办了文艺训练班，毫无保留地把有关歌舞的知识和节目传授给淮海区的战友们。

后来，各工作队纷纷开办儿童团长训练班，培养儿童团骨干，开展小先生扫盲活动，教乡村儿童识字，教唱抗日歌曲，在儿童中进行抗日宣传，组织儿童慰问新四军，护理伤病员等。

阜东工作队张早、海明、李斌研究决定，搞一个儿童戏剧训练班培养文艺骨干，他们学成回到学校就是火种，有利于发展扩大儿童团。这个意见经请示县委同意，挑选20名儿童，举办为期20天的"儿童戏剧训练班"。

张早负责教戏剧常识和排练，海明负责教简谱和唱歌，李斌负责时事政治宣讲，地点设在县委所在地——东坎镇的一间破旧小学校。学员是由各乡推荐，再经挑选确定。学员中小的才十岁，大的有十五岁，老师和学生都是孩子，培训全是孩子教孩子，别开生面。老百姓都来看热闹，县委、青委、妇联的负责同志也来了，中午的加餐让所有人记忆深刻。

小学员们开始互不相识，谁也不理谁。一天业务学习结束后，张早带着他们来到河边，洗衣服、洗澡、唱歌、聊天，让他们尽情地玩在一起，玩够了大家一起回来自习。没几天，他们互相都熟悉了，生活中，大的照顾小的；学习中，领悟快的帮助掌握慢的，训练班逐步形成了良好的集体氛围。

参加培训的刘则先原来是阜东县七区儿童团长。张早用自创的《龙王庙里捉鬼子》剧本来教大家学演戏，由刘则先出演主角。剧情是儿童团团长带着一名团员在龙王庙前站岗放哨，见一名新四军伤兵被鬼子追击，于是将他藏进了草垛里。团长留下来与追来的鬼子周旋，团员找部队搬救兵，赶来的新四军捉住了鬼子。剧本台词不多，再加本色出演，刘则先排演得心应手。

在短短的二十天中，培训班的小学员初步掌握了戏剧常识、表演、化妆、布景等；认识了简谱，学会了唱七八首抗日歌曲；听了三场时事形势报告，懂得了一些革命道理；排了《反扫荡》《长大打日本》《敌后的孩子》等几出儿童剧，还学会了《反扫荡舞》《儿童舞》《海军舞》等几个舞蹈。

训练班结束时，安排三天结业演出。在搭起临时舞台上，孩子们接二连三地彩排，起到了广告作用。那时谁也没看过孩子演孩子的戏，一传十，十传百，连十里八乡的人都过来观看，看过的人都夸孩子们演得好。

训练班出来的文艺骨干，回去后很快就发挥了作用，一批批少年在他们的影响下加入了儿童团。

儿童团的孩子在新旅的组织和培训下，在斗争中成长，涌现了一批足智多谋的英雄少年，崔士臣就是其中杰出的代表。13 岁的崔士臣在建湖县大崔庄读书，得知学校在新旅的帮助下建立了儿童团，便主动报名，并被推选为宣传队长，两年后被选为区儿童团长。他将抗日标语写在墙上，"扫荡"的日本鬼子见了就铲，铲不完就放火烧房子。后来，他把抗日标语写在桥上、路上，白天被日伪军涂掉后，他晚上再组织儿童团写。最有创意的是他们的"庄稼标语"，让凶狠的日本鬼子也感到很棘手。敌人最恨的是"打倒日本帝国主义"这条标语，他们就在日伪军常走的路上按字形挖坑，再种下麦种，这时路上的新土与旧土的色差形成了泥土标语；几场雨下来，麦苗长出来，就出现了绿色植物标语；小麦收割，留下的麦秸秆，还是"打倒日本帝国主义"的标语。鉴于他的表现，1945年，崔士臣被吸收为新安旅行团成员。

新旅在苏北大张旗鼓地开展儿童工作，很快就做到了村村有儿童团，处处有抗日歌声。儿童团的成立与壮大，不仅给艰苦生活中的孩子们带来了乐趣和希望，也培养了一批支持新四军抗日的革命接班人。各地的儿童团在新安旅行团的指导下，收集废铜烂铁送到新四军的兵工厂，捐鸡蛋慰问伤病员，参加村头的站岗放哨，协助政府做了大量的抗日支前、拥军优属工作。有时还参与部队的战前侦察等，为新四军各部队提供情报。

新旅不仅在根据地发展儿童团，就连敌占区也有了儿童团，这里的儿童团员们也发挥了重要作用。

新四军兵工厂急需购进一批硝，组织上安排敌占区的儿童团员秦汉掩护叔叔到上海取货。他们驾船来到上海，顺利地拿到所需要的货。为了躲避日伪军检查，保证货物安全，他们特地购买了一船舱大粪，将盛硝的密封容器藏在大粪里面，还剩下的一斤多硝没有容器装，秦汉就用布包起来，把它藏进柴火里。他已经想好了，因硝长得像盐，也有咸味，敌人要是搜查到，就说是腌菜用的"大盐"。

一路上他们遇到多次检查，有一次藏在柴火里的那包硝被一个伪军从柴火里翻出来，那家伙指着硝问秦汉："这是什么？"

"大盐，"秦汉面不改色，沉稳地说，"家里腌咸菜用的。"

"小鬼头，分明是做炸药用的，别想骗老子。"伪军恶狠狠地说，

"快说还有多少，藏哪去了？"

"老总，别吓唬孩子！我们是种菜的，卖不掉的菜用'大盐'腌起来冬天卖。"叔叔说着将一叠钱塞进伪军手里，然后掀开装大粪的舱盖，一股臭气冲得人直往后退。他指着大粪说："老总，你看，这是我们买的大粪，回去当种菜肥料的。"

伪军捂着鼻子，摆摆手放行了。

黄桥介于上海和苏北根据地之间，是敌人的重要据点，日伪军对这里的航道查得更严格。鉴于前面惊险一幕，叔叔打算把这包硝扔掉，以保证运输安全，可是秦汉不同意，他说："这包硝虽然不多，但扔到河里更安全，可这是新四军兵工厂急需的物资，十分宝贵。我可以带着这包硝走陆路过黄桥。"叔叔同意了他的决定。

日伪军在进出黄桥镇的要道口都设了岗，验证放人，进出都很困难。一上岸秦汉就遇到一位要去集市上卖菜的当地老汉，他灵机一动，买了老汉一篮子青菜，将那包硝藏在菜里。他跟老汉讲，自己想到镇里买些别的菜，希望老汉能带他进去。

"听你这外地口音，你进不去的，"老汉说，"要不你装作是我儿子，拿着我的秤砣，跟在我后面，什么话也不要说。"

就这样，秦汉混进了镇里，又在镇里买了块豆腐，压在青菜上面。走近北围哨卡出镇时，见两边都有岗哨，站在路东边的两个是日本鬼子兵，西边是两个汉奸伪军，他有意靠东边鬼子兵一侧，走近时刻意放慢脚步，很自然地将右手臂抬高，主动让日本兵检查菜篮子。鬼子兵瞄了一眼，见篮子里是豆腐和菜，下面还在滴水，于是做了放行的手势。

秦汉终于松了口气，提着装硝的菜篮子混过了"鬼门关"，然后不紧不慢地向北走了好几里，见到他家的船降低风帆，正边行边等，慢慢向北边行进。秦汉开心地又蹦又跳，高声喊："叔叔，青菜、豆腐买回来喽！"见到侄子平安归来，叔叔高兴地回他："青菜豆腐保平安！升帆喽！"

他们顺利地将硝交到了益林新四军的三师兵工厂。厂长说："因为你们家住敌占区，无法开会登报发奖状表扬，你们是抗日的无名英雄。"

蒋士俊加入新安旅行团时才11岁，被分到东北工作队，经常在阜宁、阜东、响水一带活动。一天，15岁的队长李平突然接到上级命令，要他们到射阳县合兴镇敌占区的一处荒坟取药，而且一定要在夜间去。李平决定带蒋士俊去，锻炼他的胆量。

这事要从岳荣烈的病故说起。岳荣烈是位非常有才华的演员，歌舞尤其出众，在大型舞剧《虎爷》中，成功地扮演了女主角。转移到苏北根据地后，她被派到新四军鲁艺工作团学习，回到新旅不久，染上伤寒病，并发急性肺炎，无药可治，溘然辞世。当地开明绅士听说此事，都为她惋惜。有人专门从外地买来一批药品想送给新旅，又怕敌人报复，于是决定将这批药品用芦席裹起来伪装成尸体，藏在坟地，请新旅安排人来取。

李平和蒋士俊拿着鱼叉、背着鱼篓，扮成捕鱼的农家孩子，走到天黑，才找到那处坟地。那时贫困家庭孩子夭折后无钱下葬，往往裹上芦席丢弃在坟地。借着星光，他们果真发现了一具"尸体"搁在坟头上。蒋士俊害怕，紧张得四肢颤抖。队长鼓励他说："别怕！我负责观察情况，担任警戒，你去打开看看。"听到队长的命令，蒋士俊顾不上那么多了，冲上去将芦席拖下来，割断捆在外面的绳子，发现里面真是一包药品。

顺利地完成了这次坟地取药任务，后来，蒋士俊胆子越来越大，经常混在敌占区孩子中，跟他们一起踢毽子、玩游戏，暗中观察地形，侦察敌情，回来后把敌军的数量、岗哨的位置等情况报告给新四军。他也因多次出色地完成侦察任务，没有出现过任何差错，受到新四军首长的表扬。

1943年初，为了应对日伪军组织的第二次对苏北地区的大"扫荡"，新安旅行团为团员们配备了步枪和手榴弹，暂停儿童团工作，转移到射阳县临海镇一带的海滩上与敌人周旋。

白天，他们分散开来，有的隐蔽在盐民窝棚里，有的藏在芦苇荡里，夜晚出来集体行动。为了安全起见，在每个村庄最长住两三天，有时风声紧，只住半天就得换地方。

有一天夜间，新旅团员们正集队向东南方向行进，没走多久，突然听到前面有人喊："口令！"由于天黑，分辨不出是敌人还是自己部队，张早灵机一动，回答说："我们是老百姓。"

"拍着手过来一个人！"这是对方的声音。

不知谁说了一声："糟糕！遇上敌人了！"队伍一下子散开隐蔽起来。

团员何仁躲在不远处的芦苇里，观察情况变化。谁知半小时过去了，四周一片寂静，新旅的队伍已经不知去向，只剩下他一人。

在反"扫荡"的日子里，一两个人掉队是十分危险的事。白大他在几丈高的盐蒿草堆中间以草当被睡觉休息，晚上摸黑寻找队伍。过了两天，他意外地遇到了落单的张早，他们结伴继续寻找队伍。有一次，太阳已升到半空，敌人的马队在汉奸带领下，正从200米外的大道上通过，他俩仍缩在蒿草中酣睡。一位盐民老大娘发现了他们，知道他俩是小新四军，随手用蒿草把他们掩盖好。这时他俩才惊醒，发现情况不妙。大娘小声叫他们别动，然后不紧不慢地迎着伪军走过去，说新四军往西北方向走了。马队扬鞭急追而去，两人终于脱险。

四五天以后，俩人到八大家小镇，在一家酱园店的柜台上发现一只眼熟的花瓷缸子。"咦！那不是范政的吗？"他俩高兴得几乎要跳起来。一会儿，他俩果然看见范政和孔方几个人走过来了。几日不见，如同几年，大家又握手，又拥抱，高兴万分。就这样，他俩又和大家汇合到一起了！

反"扫荡"结束后，新旅继续投入到组织儿童团的工作中。初冬的一个夜晚，新旅开团务干事会，专门讨论如何完成这个艰巨而又光荣的任务。油盏里因为多放了一根灯草，把屋内照得通亮。大家的发言很热烈，提出了不少好主意。有人还提议，让范政专门从事创作，多编写一些演唱节目，使新旅的宣传工作收到更大的效果。

范政激动地站起身，眨着明亮的眼睛说："组织十万儿童，只靠我们几个人到各村去跑，到处去说，实在太慢了。如果我们办一张报纸，印上几千份，就等于有几千双腿、几千张嘴去宣传了，它的力量多大啊！在大后方我们无权出版自己的报纸，根据地是我们自己的天下，为什么不用报纸来开展工作呢？我们办一张儿童报吧！"

听了他的建议，几个老团员不由得相互对视，频频点头，一致认为办报是个好主意。

有人提问，谁来办报呢？

"人就在眼前，"16岁的范政说，"我12岁就在北平当过编辑，当过记者。"

新旅办报纸的建议,得到盐阜区党委宣传部长王阑西的大力支持。组织上拨了一笔钱,购买了铁笔、蜡纸和油印机。报纸定名为《儿童生活》,由范政担任主编,还派了王德威、张渔等同志参加。办报非常辛苦,他们白天到各地采访,撰写稿件,发展通讯员,建立通讯组织;晚上伏在昏暗的油灯下编稿,经常工作到夜半三更。一张小小的8开4版报纸,先要将刊登的文章计算好字数、行数,算少了版面上会空出许多地方,算多了又放不下。接着要定好标题、插图的位置,然后在蜡纸上刻满密密麻麻且大小相同的字体。

《儿童生活》刊载了通俗生动的抗战故事、各地儿童活动通讯、模范儿童团及团员、科学世界、自创歌曲等丰富内容,并开设"小小问答栏",鼓励互动,同时遴选各儿童团骨干400多人担任通讯员,邀请了100余名教师充当"儿童之友",在各中小学和村镇组织儿童定期阅读与讨论,这些都为发展儿童组织起到了不可替代的作用。善于动脑筋的王德威,创造性地用网纹套色石印出版《儿童画报》,彩色的画报更受儿童们的欢迎。

1943年秋,新旅一些年纪较大、已是青年的同志陆续调往其他单位工作,范政也离开了。新旅选出以左林为团长的团委会,团委有:黄叔宽、黄明、王德威等。

1945年春,在新旅及各县儿童团组织的协调下,根据地筹备召开盐阜区少年儿童第一次代表大会。左林团长担心代表会准备比较复杂,怕有些县区不能如期进行,决定派李洪生、刘业、崔海波、姚锡华、林文谦五人小组到各县督查儿童代表选举情况。这五个人每人腰带上别一个货真价实的手榴弹,晚上过日伪封锁线,日行七八十里,几天走下来,每个人都腿酸脚疼,双脚磨出了水泡。其中最远跑到了伍佑,检查了南部几个县，发现儿童代表大会选举工作一切正常，会议可以如期召开。

苏北根据地盐阜区首次少年儿童代表大会代表来自 8 个根据地。盐东县的代表们冒着危险，夜里通过敌人的封锁线。阜东的代表们路遇大雨，还是照样赶路。盐城、建阳的代表是坐船来的，遇到很多顶风逆水等不好走的地方，他们就自己上岸拉纤。苏中的代表到盐阜区去开会，困难就更大了，由于所有的县城、大小集镇都被日伪军占领，形成了一道道严密的封锁线。地下交通站的同志带着参加会议的小朋友，利用夜晚穿过封锁线的空隙，在敌伪据点之间穿行了七八天，才到达会场。

参加这次会议的 9 县 1 市的代表共 400 余人，编成四个大队，每队各取一位革命领袖的名字为队名：建阳、射阳叫"列宁大队"；阜东、滨海、淮安叫"斯大林大队"；盐东、盐城叫"毛泽东大队"；阜宁、涟东叫"朱德大队"。人员集中在阜宁县益林镇新建的芦苇棚大礼堂里，会场布置有绘画、标语、展览品等。代表们个个精神抖擞，情绪高涨，自带饭碗、背包、木棍、木制驳壳枪和精制的芦苇标枪来整齐列队。大会在鞭炮声、歌声、鼓号声和掌声中开幕。

1945 年 5 月 17 日大会召开，在开幕式上，到会代表们把准备好的鲜花、红旗、鸡蛋、大刀等献给首长，会场里爆发出一阵雷鸣般的掌声，经久不息。

大会进行到第三天，黄克诚师长从百忙中远道赶来参加会议。黄师长在代表们热烈的掌声中走上主席台讲话。他希望代表们：一要努力学习，多参加抗战工作，将来做新中国的主人；二要帮助父母多多生产；三要向父母及老百姓宣传反对迷信；四要锻炼身体，注意卫生。

黄师长讲话后，从台上走下来，和身边的代表握手，并向他们问好。

会议安排各县代表就典型事例发言。有开展对敌斗争，组织伪化区（据点）儿童搞宣传、贴标语，争取伪军反正的；有改造二流子，与恶霸斗争的；有当好"小先生"，宣传破除迷信的。代表们踊跃发言，互相学习到了不少新鲜的工作经验和切实可行的好办法。

大会举行了检阅式。各队的操练动作都非常整齐而又有精神，其中列宁大队第一、第二中队扭着秧歌而来，到了检阅台前，队员们突然伏下身，排成"小主人"三个字，使观众惊叹不已。

大会盛况空前，整整开了半个月。5月31日下午，大会主席致闭幕词后，由左林作《一年来盐阜区少年儿童工作的成绩统计和对比》的报告。他希望代表们回去后，不要骄傲，不要怕困难，要努力学习，努力工作，尤其要加强生产，帮助防荒。

少代会以后，盐阜区少年儿童为大反攻增加兵员积极行动起来。儿童团员通过出壁报、写标语、画宣传画，逢集到集上演戏唱歌、讲演等艺术形式宣传参军的意义。他们不仅深入到每一村每一家去动员，同时还动员自家人参加新四军，规劝那些逃亡战士赶快归队，重做抗日英豪。他们还张灯结彩、敲锣打鼓，营造当兵光荣的氛围，欢送参军人员，慰问军属。

各县、区的儿童团组织贯彻大会决议，严格落实大会安排的各项任务。钢铁是战争急要的稀缺资源，花钱都难买着。阜东县鲍墩小学的儿童团劝募队募集了150多块钢板、90多个子弹壳、200斤铁。射阳县三区陈杨村离敌人据点只有2公里，加上政府已经募集了不少铁，在募十分困难的情况下，儿童团想出了一个巧法子，叫每个团员秘密调查哪家有废铁，结果得知有个大地主家有台坏的棉花绞子（轧花机），于是安排几个精干的团员轮流去动员，最终说服该地主献了出来，拆下来的铁足有190斤。

阜宁县青沟区杨集儿童团响应总团部号召，会议一结束就帮助村里做了一次卫生大扫除运动，把南北十字街扫得干干净净，并提醒几家饭馆，防蝇防尘用纱罩把吃食盖好。另外，他们还帮抗属割麦子，连掉下的麦穗都拾起来还给抗属。村里老百姓看了个个夸赞，儿童团的孩子懂事。

淮安县代表管鸿美开大会期间，爹妈和妹妹都生病了，妈妈烧香买猪头敬神祭鬼，病还是没好。管鸿美从少代会回到家，就对妈妈说："我们总团长说儿童团不信神鬼，要与封建迷信做斗争。我去请西医来看病吧！"妈妈说："神都没有治好病，人有什么用？"她不理妈妈的话，去请医生来治疗。三天后，家里人的病都好了。

这次大会以后，在总团部的领导下，全盐阜区儿童团的发展进入了一个新阶段，每个县市建立了儿童团团部，总计发展了儿童团员近十八万人，超额完成了新四军首长交给他们组织十万儿童的光荣任务。

>>> 打着腰鼓庆胜利

　　1945 年 8 月 15 日，日本宣布投降。而驻守在淮阴、淮安的伪军潘干臣部拒不向新四军投降。1945 年 9 月，新旅参加了解放淮阴和淮安的战斗。为了激发攻城官兵的斗志，新旅创作了街头剧《活捉潘干臣，解放淮阴城》，在部队官兵和群众中演出。同时在城外交通要道上设点，对进城的百姓进行宣讲，让他们了解共产党的政策，打消其疑虑。团员王德威、陈强、肖峰、彭彬等人冒着生命危险在城墙上写下了多条标语，画了巨幅宣传画。

　　攻打淮阴城的战斗打响后，团员们身背宣传品，与攻城战士一起冒着敌人的炮火攀云梯登上了城头。部队首长考虑城里正在激战，下令让已经上城头的新旅团员就地留守。淮阴城被攻克后，团员们参加了搜索伪军官的任务。别看孩子们小，他们却非常机智。在一大户人家里，他们找到隐藏在衣柜后面的洞口，在夹墙里面搜出了一名伪军团长。

　　接着淮安县城也被我军攻破，王德威、彭彬等几位少年在城门楼上刷写"新民主主义中国万岁！"的大标语，又在城里找了一面大墙，

上部　峥嵘岁月

97

把毛主席像画上去。

解放了淮安，新安旅行团的团员过上了不用天天行军打仗的安稳日子，心里可高兴了。他们创办了华中少年出版社，出版《华中少年》和《华中少年画报》，积极开展儿童工作。不久后国民党挑起内战，大规模侵袭苏中解放区。我军取得了苏中"七战七捷"的胜利，大量的伤员安置在宝应。新旅特地赶到野战医院，到各病房唱歌、跳舞、赠送画片慰问受伤官兵，给他们喂饭、点烟、擦身体、倒便壶、写家信。

涟水战役打响后，形势又一次严峻起来，为了应付敌人发动的进攻，1946年9月底，新旅北撤到山东临沂北，进行短期整训。

随后，国民党军调集重兵，夹击我华东野战军主力。敌人的先头部队已经侵占了博山、莱芜、新泰一带，鲁中地区将有大战，形势危急，新安旅行团于1947年2月13日从山东临沂北面的新王沟再次撤离。处在敌人包围圈中的新旅，必须与时间赛跑，小孩子们行军耐力差，行动慢，总让人担心。团长担心夜间行军有人会掉队，就找了根长长的绳子，行军时让每个人都拽着走。可是孩子们的天真与快乐却无法隐藏，行军中还经常开玩笑。

有一天夜里，走在前面的小舞蹈队员突然心血来潮，来了个"大跳"动作舒展一下筋骨，没承想，她的这个动作引起了连锁反应。星光下大地影影绰绰，后面人以为是遇到了沟或者什么障碍物，不由自主地也跟着跳过去。后来才发现地上什么也没有，休息时大家说起这件事，开心地笑个不停。

一路上行军，新旅遇到的多是地方机关及后勤人员的北撤队伍，他们带上各种各样的装备和物资，行动缓慢。路上有推小车的，有抬担架的，偶有三三两两飞驰而过的骑兵通讯员，人人表情严肃，战争的氛围越来越浓。

白天，空中常有国民党的飞机侦察、盘旋、扫射。新旅团员们摘来了树枝编成圈套在头上，背包上也插满了树枝。当听到飞机的嗡嗡声时，大家忽地一下散开，有的躲在岩石旁边，有的跳进沟里，有的蹲在大树下面，有的趴在草丛中，等飞机飞远了，他们再集合，继续行军。

新旅团员爬上一座山顶，见山下村庄密布，树木苍郁，远远的地平线上躺着一条鹅黄色的带子，对照地图可以肯定那就是沂蒙公路。有人担心会在这里遇上敌人，为了安全起见，他们在大管庄等候了一段时间，发现没有敌情，黄昏时分才穿过了静悄悄的公路。

队伍到达江庄已经很晚了，村子里死沉沉的，没有声音，没有灯火，大部分壮年男性都支前上前线了，只剩下一些妇女和老人及孩子。刚住进房东家，沈晨钟突然"哇"地一声叫了起来，原来他发现床下还躲着两个瑟瑟发抖的孩子。沈晨钟说："我们是好人，你们怕什么呢？"还是严忠点子多，他说："来来来，我教你们唱歌好不好？"两个孩子的脸上才渐渐地露出笑容。

接着又有消息传来，国民党部队已到了东平，离新旅只有80里，情况十分危急。上级要求新旅一定要加快速度，于当天渡过黄河。

前段时间，为了躲避敌机侦察，新旅白天隐蔽，夜间行军。白天他们在村庄写标语、绘壁画、教农民识字，老百姓看这么小的孩子跟着部队征战，都非常心痛，有的群众担心孩子们吃不好，给团员们送来了馒头、烙饼、鸡蛋等食品，表达自己的心意。有一次新旅为群众演出，一位热心的老大娘帮小团员珊宝换衣服，正巧路过的记者拍下了这张照片，如今这张照片珍藏在新安旅行团历史纪念馆里。

而现在为了争取时间，新旅恢复了白天行军。他们三个人一小组，每个小组相隔一百五十米距离，放弃难走的小道，像一群小马在宽阔的公路上撒腿飞奔。

打前站的左林队长已经到了平阴，派吕斌来迎接新旅的大部队。他与新旅会合后通报说："我军已和国民党部队接上了火，夜里在平阴城能听到机关枪的声音，因此，希望大家还要加快步伐。"

"我们个个都已经跑得上气不接下气了，还要多快啊？"有人表示反对。

吕斌强调："再累也要跑，这里将有一场大战，新旅和非战斗部队要渡过黄河，全部撤到刘伯承、邓小平领导的晋冀鲁豫解放区。"

大敌当前，只有坚持，没有退路。他们听说，过了黄河就相对安全，于是又焕发出一股力量。跑不动就走，走不动就搀扶着一起走，总之不能停下，只要还有一口气，就要走下去。就在这关键时刻，一头驮重物的毛驴支撑不了，硬是给累死了。大家分担物资，继续艰难前行。

经过疲惫地跋涉，新旅到达了平阴。他们没有进城，也没有休息，继续沿着弯曲的城墙根向西北疾走，经过一个小时急行军，他们终于爬上了一条高高的大堤，眼前就是浊浪滚滚一泻千里的黄河。

乘船渡过了黄河，大家还是不敢松懈。王德威和陈必林等人会骑自行车，白天起早先行"打前站"，负责安排全团同志的食宿。王德威的听觉特别灵敏，听到飞机声就叫两个小伙伴跳下车隐蔽，飞机声远去了，他们又继续赶路。

这种做法，为新旅行军节约了时间，不知不觉竟然让新旅提前一天到达繁华的临清县城。苏皖边区政府撤销后改编的黄河大队部抵达后，大队长徐平羽夸赞道："真了不得！新安旅行团小朋友成了我们的快速纵队。"政委刘季平说："很好，传令嘉奖！"

新旅的小朋友们不仅得到嘉奖，还得到了加餐。临清地区盛产小麦，一顿猪肉饺子让大家吃得十分开心，这是北撤以来吃得最好的一顿饭，大伙唱啊、跳啊，所有的紧张疲劳顿时烟消云散。

新安旅行团穿越东阿、高唐、夏津、武城等县，经过一个多月的艰苦行军，到达了河北故城县前黄村驻地。根据形势和任务的变化，这一时期新旅的工作重点从儿童工作逐步转变为从事部队文艺宣传工作，并就地参加土改。为配合土改宣传，新旅创作演出了《翻身》，同时又排练了《放下你的鞭子》《兄妹开荒》等保留节目，在地方演出了若干场次，又到部队演出，还深入基层连队教唱歌曲，鼓舞士气。地方干部群众和部队指战员非常喜欢这群穿着军装的"小鬼"。

1947年秋天，新上任的团长张拓听说华北联大文艺学院就驻在束鹿县（现辛集市）贾李庄，这里离新旅驻地故城县不远，于是他决定带王山、方南君、白洁、陈伟、大林、毛国强、林铭纲前往取经。在贾李庄，他们见到了文艺学院院长沙可夫、副院长艾青，还有贺敬之、郭兰英、王昆等老师，尤其是威武雄壮、振奋人心的陕北腰鼓让他们兴奋不已。文艺学院的同志手把手地教，新旅团员们用心学，很快就掌握了打腰鼓的动作和队形。20天后，他们回驻地教会全团同志，包括后来成为著名舞蹈家的舒巧、仲林、李群等都成了打腰鼓能手。很快，他们就有了展现才艺的机会。

在一次慰问晚会中，新旅为华东野战军演出了雄壮的《胜利腰鼓》。军乐队奏起了《解放军进行曲》，腰鼓队员们身穿白布褂，腰系红绸带，头戴英雄结，以矫健的舞姿打起了腰鼓。鼓声、铜钹声响彻了广场的夜空，征服了观众的心。晚会刚结束，华东野战军首长兴奋地对张拓说："你们要教会华野各个文工团打腰鼓，要把腰鼓打遍全华东，打过长江去，打到上海去。"从此，新旅有一项重要的任务就是到部队教文工团员们打腰鼓。有了首长的指示，陕北腰鼓以极快的速度在华东野战军传播开来。华野部队战斗打到哪里，腰鼓就响到哪里。

1947 年，新旅到华东野战军第一兵团一、四、六纵队演出时，乐队缺少弦乐二胡，可是遍地战火，到哪里去买呢？新旅团员刘德明在山东朝城打听到一位老人曾做过弦乐器，当即向他请教制作技艺，并决定土法上马自己做。没有红木，用当地枣树代替；没有蟒蛇皮，就去捉大老鼠，用老鼠皮代替；筒子没有，找颗炮弹皮，把两头一锯，正好合适；弦也无处可买，就用军用电线的铜丝代替；没有松香，大家到松柏树上去采。用这些材料，一共做出了 20 多把胡琴，奏出的声音还别具一格。

新旅虽然工作重点不断变化，但是宣传工作老传统没有丢。每到一处，他们仍然要写大量的宣传标语，画宣传壁画和领袖人物像。1947 年冬天，他们到部队慰问演出，有位战士从怀里摸出一张彩色的印刷品说："我知道，这是你们新旅画的。"王德威一看，那正是1946 年新旅慰问"七战七捷"部队时自己画作的印刷品，画上还染有血迹。那位战士激动地说："我的一个战友牺牲了，从他怀里找到了这幅画，我一直珍藏在身上，看到它，我就会想起牺牲的战友，打仗也就更不怕死了。"这位战士不知道画的作者王德威就在面前，王德威也不露声色，看到自己的作品受到战士们的珍爱，他心里受到慰藉，暗下决心，将画画得更好，让更多的人喜欢，更好地发挥其战场宣传鼓动的作用。

1948年5月，新安旅行团随部队转战濮阳，在前线搭建临时舞台，把缴获的汽灯改作舞台灯和照明灯，为作战部队慰问演出。朱总司令来前线视察工作，与华东野战军首长一起观看了新旅精彩的文艺演出。

新旅根据形势发展的需要，为了更好地开展工作，全团分设四队，王山任表演队队长，方南君任音乐队队长，陈强任演出队队长，王德威任美术队队长。

1948年8月，为了迎接济南解放，新旅美术队队长王德威连夜赶制毛泽东主席和朱德总司令的画像。济南举行庆祝解放大游行，新旅腰鼓队走在最前面，紧接着是战士们抬着的毛泽东主席和朱德总司令的巨幅画像，游行的队伍跟在后面。新旅的宣传车行进在济南大街上，大喇叭里反复宣传着我军的伟大胜利和党的城市政策。在济南工作期间，新旅还创作了秧歌剧《王贵与李香香》等大型舞台剧，在部队和群众中演出深受欢迎。

淮海战役胜利后，新旅随军沿运河南下，途经淮安、镇江，来到渡江战役前委所在地江苏丹阳。他们积极响应中国共产党"打过长江去，解放全中国"的伟大号召，以饱满的热情，昂扬的斗志，紧张地进行挺进上海前的各项准备工作。为了把腰鼓打得更好，他们日夜排练，一直练到几十个人击鼓如同一个人，动作整齐划一，刚劲有力。

1949年5月27日，解放军攻克上海。为了给新旅打前站，张拓团长带着团员陈强提早几天坐火车前往上海。下火车的时候，天才蒙蒙亮，这座城市正从睡梦中苏醒。路边的商铺已经开门，豆腐店正忙碌着磨豆腐，炸油条的摊点锅里的热油在翻滚，飘溢着香味……城市的生活秩序井然，仿佛没有经历过战火。他俩从老北站（今天目东路宝山路口）一路步行到武康路的部队驻地，接受新旅进城任务。

接到进城命令的新旅从丹阳乘坐着数辆卡车，浩浩荡荡地开进了上海。张拓和陈强先期在上海农机厂借了两辆卡车，已在车头前挂上毛主席、朱总司令的大幅画像，车厢两旁贴着宣传标语。新旅腰鼓队乘车唱着歌，敲着鼓，欢庆上海解放。到了繁华的街巷口，他们索性下车表演，吸引了许多市民聚拢过来观看。

有一段时间，不法商人囤积居奇，导致上海物价飞涨。新旅便以文艺的形式与操纵物价扰乱金融秩序的奸商进行战斗。他们在华龙路环龙路口演出了"银圆花鼓"，在八仙桥演出了"银圆秧歌"，看演出的人将演出现场围得水泄不通，演到精彩处大家拍手高声叫好。沿街两旁建筑物里的群众从屋顶天台、高窗口探出头来观看，有些行人爬到了路旁卡车上，甚至有几个孩子还爬到大树上看演出。

7月6日，上海人民庆祝解放大会在跑马厅广场（今人民广场）隆重举行。在庆祝大会上，新旅演出了秧歌舞《解放大上海》《百万雄师过大江》，随后解放军举行了威武雄壮的入城仪式。入城仪式先由华东野战军首长检阅部队，结束后大约150万人参加大游行。前排是坦克、军用卡车浩浩荡荡地驶过，接着威武雄壮的步兵方阵雄赳赳、气昂昂地走过去，跟在进城部队后面的是新旅的腰鼓队，腰鼓队列阵有半里路长，再后面是各界群众团体彩车，接着是手持彩旗、鲜花的群众队伍。大上海沸腾了！街道两旁人潮涌动，上海市民热情鼓掌，高呼口号。有的市民爬上了坦克，给战士挂红星、彩条、锦旗，有的在路边架上锅，给入城官兵敬献"解放佳肴"。由于群众的加入，游行队伍越拉越长，越走越慢。

新旅的同志个个精神抖擞，起劲地打着腰鼓，咚咚的鼓声震耳欲聋，街道两旁的群众像潮水般地涌向腰鼓队。当腰鼓队前进时，群众就主动闪开道，形成的"人浪"在街道两旁滚动，场面蔚为壮观。新旅队员们的心都沸腾了，打起鼓来更加起劲，手起了血泡，也没人顾得上去处理。傍晚时分，他们行进到大光明电影院门口，一场倾盆大雨落下来，腰鼓队的同志们衣服、乐器都淋湿了，汗水、雨水混在一起往下淌。大家的激情不减，鼓槌击鼓的"咚咚"声就没停过。新安旅行团的腰鼓打出了解放军的军威，打出了喜庆的气氛，展示了新旅的雄风。

上海市民在入城仪式上第一次看到雄壮威武的腰鼓表演，被那种热烈雄壮的气势所震撼，一些社团和单位主动上门邀请新旅的人去教学。为了普及腰鼓舞，渲染上海解放的喜庆氛围，新旅团员们由开始接受邀请，到后来主动去大学、中学、工厂教腰鼓。他们通常是一个人教一百多个人打腰鼓，这一百多个人学会后，就能教上万人打腰鼓。为了教学，他们有时顾不上了吃饭，来不及喝水。有些人一天工作下来，腰上的皮磨破了，累得腿抬不起来，晚上躺下来，全身酸痛，但大家仍咬牙坚持。不久，腰鼓舞在上海风行一时。到了国庆节，上万人的腰鼓队在人民广场搞大会操，热烈欢腾的场面吸引了许多上海市民驻足观看。参加过这次会操的人，对那个震天动地的场面，至今还记忆犹新。

进入上海后，新安旅行团划归华东军政委员会文化部领导，改名"华东新旅歌舞剧团"。至此，新安旅行团完成了她光荣的历史使命。1952 年 5 月，华东新旅歌舞剧团又和其他几个文艺团体合并成华东人民艺术剧院，后几经调整为现在的上海歌剧院。

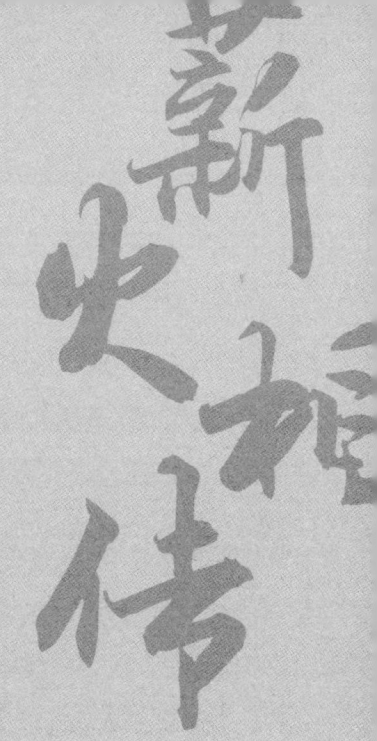

下部
薪火相传

>>> 新旅薪火代代传

新安旅行团经历了第二次国内革命战争、抗日战争、解放战争和新中国成立以后四个历史时期，足迹遍及全国 22 个省市自治区，行程达五万多里，为抗日战争的胜利和民族的独立做出了自己独特的贡献。17 年来，先后参加过新安旅行团的共有 600 多人，经过社会大课堂的学习和锤炼，他们中涌现出一大批横跨政治、军事、科技、艺术等领域的优秀人才。比如，国家一级演员张均、舒巧、李仲林，国家一级编剧张拓、王树元，中国美术学院原院长肖峰，原浙江美术学院院长王德威，中国革命军事博物馆首席画家彭彬，南京军区美术创作室主任陈其等。有的成长为我国党、政、军的各级领导干部，如解放军总政文化部副部长聂大朋，原中央直属机关党委宣传部部长张牧，《光明日报》总编辑姚锡华，《中国体育报》总编辑左林等。有的在科技领域里做出了杰出的贡献，如我国第一颗人造卫星瞄准具设计者王山，中国核潜艇设计专家钱凌白等等。这个团体，这些人，像一面面旗帜影响着一代又一代的青少年，尤其是新安小学的孩子们。

已经 65 岁的刘友开，这一生与新旅结下了不解之缘。

1979 年，他从淮安师范中文专业毕业，是"文革"后恢复高考的第一届毕业生。在校两年，其实学习也就一年零一个月，其他时候不是到学校农场劳动，就是到乡下中学顶班教课。毕业前他在涟水县李集中学实习，以为会分到该县工作。县教委的同志说，你是淮安的，还得回淮安。最后，他被分到了新安小学。他不解，我是教中学的，怎么把我分到小学了？

教委的同志告诉他："新安小学是有革命传统的学校，刚被评为 8 所省重点小学之一，为了加强师资力量，从这届师范毕业生中抽 3 个人，你是其中之一，是很光荣的事。"

到这样的重点小学任教，对大多数人来说是件好事。但是，刘友开却有说不出来的痛楚。当年的他张口就是淮安方言，讲普通话比登天还难。他认为，小学对老师普通话要求高，初中对普通话要求会放松些，还是应该到初中去教学才会有前途，于是他向上级领导提出要去教中学。

教委的领导对他说："教中学，你得去乡下啊！"

没承想，刘友开说："我就是乡下人，只要去教中学，到哪里都不挑。"

教委领导珍惜首届毕业的师范生，不想让他走，跟他说："你再适应一段时间，实在不行再提出调走的想法。"

刘友开终于明白，要想从这个小学走出去是不可能的事了。他苦闷、纠结、徘徊，找不到方向，在学校里转悠的时候，发现校园里有三间平房挂着"新安旅行团历史展览"的牌子，他进去看了后，竟然被这段光辉的历史深深地吸引了。展陈柜子里摆放着团员左义华（后改名左林）9 岁出版的《义华日记》，以及后来新安旅行团集体创作的《我们的旅行记》，还有汪达之写的《生活的书》……从此，一有空他就钻进平房里摘抄卡片，或借阅存放在这里的相关书籍。新旅的事迹感染了他，陶行知、汪达之的教育思想浸润着他，他在困顿中找到了方向，看到了希望。刘友开暗忖：怎么样才能在小学里要得开？既然嘴巴说不精彩，那就把写得精彩作为自己在新安小学的立足点吧。

此前，刘友开不会写文章，更谈不上怎样指导学生写好作文。但是新安旅行团9岁孩子都能出书，给他的刺激十分巨大。为了学习和研究写作，他把津贴的大部分甚至连家中买米的钱，都用来买书和报刊。他读得最多的是有关写作入门之类的书报，读多了也就晓得些门径，从而开始了读和写的结合。他写的大都是校园内外自己见到的一些新鲜事，写出来还请学校的领导和同事们看，大家都热情地鼓励他继续学着写。经过不懈地努力，刘友开的作品终于在《中国少年报》《江苏教育》等报刊上变成了铅字。

那个年代报刊少，爱好写作的人多，能发表稿件是非常难的事。刘友开从实践中认识到，投稿对提高写作兴趣作用很大。于是，他便把这一方法应用到作文教学中。大多数孩子开始怕写作文，有的人连句子都写不好，有畏难情绪。他就用新旅团员九岁写过书，十四五岁编印《儿童生活》《华中少年》的事例来鼓励学生。每次学生写出来的作文，他发现好些的，都要请小作者来"面批"一番，指导他们认真修改，并帮助他们向少儿报刊投稿。1983年第一期《作文》杂志发表了学生谢梅写的《家乡行》，后来此文还被人民教育出版社选入全国《小学生作文展览》一书出版。同年，他选取3篇学生作文，参加河南省少年儿童出版社"作文"编辑部组织的全国知名中小学学生作文邀请赛，3篇作文全部获奖，其中周小锋同学的《小胡子理发》一文，还被福建少年儿童出版社选入 1987 年小学生作文日历，被《小学生优秀作文是怎样写出来的》等 10 多种书报刊转载。从 1980 年到 1986 年，他教过的 7 个四、五年级班中，学生的作文在省级以上书报刊发表的有 9 篇，市级的有 20 多篇，获奖的有 12 人次。他所教的学生普遍爱上了写作文，这在当时是个奇迹。

伴随着学生的成长，刘友开的写作水平也有了提高。在新安小学任教的 7 年中，他发表新闻、散文、论文 200 多篇，大多数都跟新安旅行团有关。《淮安报》邀请他去给通讯员们谈经验，发言稿的题目就是《我是怎样搞好"新旅"宣传报道的》。他介绍说："无论是我自己的班级，还是学校或者社会上，凡是搞学新旅活动的，只要我知道，无论怎样忙，我都要及时报道出去。1981 年，新安少儿发扬'新旅'精神，开展歌唱祖国的歌咏活动，我写了《歌唱亲爱的祖国》报道，《中国少年报》头版头条刊用，还加了按语，号召全国少年儿童都来'歌唱亲爱的祖国'。此后，我写了《亲切慰问慈爱的宋庆龄奶奶》《新安旅行团和新安小学》《谭震林爷爷与新安少年》等文章，被《少年文史报》《少年之声报》等少儿报刊选用。"

少儿报刊是刘友开传播新旅精神的渠道，同时学术会议和学术期刊的传播渠道也相继被他打通。1981 年，汪达之的骨灰在淮安新安小学旧址安葬，借此，他与汤翠英合写的《献身教育事业的汪达之同志》被《江苏教育》（中学版）采用，使教育界进一步了解汪达之和新安旅行团。1984 年，江苏省中国现代史学会在镇江举行"中华民国史"学术讨论会，他连夜赶写题为《新安旅行团概论》的论文，并带病自费前往参加，使新旅精神受到了史学界的重视。1985 年，江苏省中国现代史学会在南京举行抗日战争史学术讨论会，他又和张超合作，写了《在抗日烽火中开拓前进的新安旅行团》的论文，并赴会参加学术交流。不久，此文又被江苏省党校《唯实》杂志采用。

1987—2000年，刘友开老师调到淮安市教委教研室，任小学思想品德学科专职教研员，这期间，他利用业余时间参加省教研室组织编写《江苏省小学思想品德课》教科书的机会，力排众议，将《发扬新安旅行团精神》和《"新旅"小战士（陈伟）》两篇文章选入到教科书中。他又邀请时任中国人民解放军总政文化部副部长、新旅老团员聂大朋少将给小朋友们题词，并将其编入教学参考书中。此外，他还亲自设计"发扬新安旅行团精神"的教学案例和撰写《小学思想品德课"五环节"教学法》论文，被国家教委主管的全国主流媒体《小学德育》杂志采用，成功地开辟了让"新旅"业绩和精神进教材、进课堂、进师生头脑、进学术视野的新天地。

这就是新旅精神在后人身上的延续，一个普通话都说不好的人，用笔来传播新旅精神，并且使自己得到了升华。他坦言："我宣传新旅精神，新旅精神也培育了我。因为传承新旅精神成果丰硕，后来还被评为特级教师。"

刘友开与三十多位新安旅行团的团员保持联系。退休前，他创作出版了《一群小好汉群英谱》，编著了《汪达之教育文集》等书；退休后，他又撰写了《汪达之评传》，并表示将终身致力于传播新旅精神。

1985年，是新安旅行团建团50周年，对于新安小学的师生来说，这是一次极其重要的德育教育契机。

来自全国各地的140多名新安旅行团团员，他们都已到了六七十岁的年龄，回到阔别多年的母校，仿佛回到了童年，回到烽火年代，他们与母校的师生们一起唱新安歌曲，一起跳新安舞蹈，一起观看新安人曾经放过的电影。在孩子们的心中，他们是了不起的英雄，是了不起的作家，是了不起的艺术家……总之，新安旅行团的团员们开心，新安小学的师生们更开心，因为纪念馆里的那些了不起的事，都是眼前这些头发花白的爷爷、奶奶们做出来的，他们中的有些人甚至为革命献出了宝贵的生命，这些英雄成了孩子们的精神偶像，永远地活在孩子们的心中。

新安小学的师生换了一茬又一茬，但是新安旅行团的精神火炬却代代相传。新安旅行团60年团庆，时任全国少工委副主任温愉新和省、市领导出席在淮安隆重举行的"新旅精神代代传"火炬接力仪式。新安小学的全体师生参与了这个接力活动。这一次次类似的活动，进一步加深了新时代孩子们对新旅精神的了解，赓续思想的薪火，让其永不熄灭。

2005年10月10日，新安旅行团建团70周年纪念大会隆重举行。省、市领导为新落成的新旅纪念馆剪彩，标志着新安旅行团的精神传承进入了一个新的阶段。如今，新旅纪念馆已成为全国百家红色旅游经典景区，省、市、区优秀爱国主义教育基地，广大干部、群众，特别是青少年经常来此接受爱国主义和革命传统教育。新旅纪念馆开馆20多年来，接待了全国各地的来宾约180万人次，在弘扬新旅精神和对广大青少年进行爱国主义与革命传统教育工作中发挥着独特的作用。

新旅的光辉业绩不仅在国内有较大的影响，也赢得了许多国际友人的称颂。新安小学是在传承新旅精神中不断发展的，一代代的新安人为此做出了不懈努力，他们中的一些人或已经退休，或已经故去，但是他们的事迹却载入了新安小学的史册，永不磨灭。我们应该记住他们：

被誉为"耕夫"的全国中小学德育先进工作者、新安小学原校长高殿均；

毕生心血育桃李的全国优秀教育工作者、新安小学原校长陈天麟；

追求卓越、铸造辉煌的江苏省特级教师、新安小学原校长孙茂洲；

追求"自觉行知，自主成长"办学境界的江苏省特级教师、新安小学原校长蒋寿桐；

"三八"红旗手朱宝秀；

一生践行陶行知教育理念的全国优秀教师陈天林；

不断超越、勇立潮头的江苏省特级教师、全国陶研工作先进个人、新安小学现任校长张大冬。

>>> 拓展新时代的新旅路

1989 年 8 月，张大冬成为新安小学教师队伍中的一员，他的心里格外地兴奋，走进学校的大门，翠绿欲滴的树和娇羞欲语的花儿，赏心悦目；一座座别具风格的教学楼在各种标语和壁画的点缀下，枯燥的建筑变得生动起来；在那红色的塑胶跑道里、绿色的足球场上运动的孩子们，让校园显得生机盎然。当天晚上，他在日记里写道：今天，我终于跨进了向往已久的新安小学。新安是有着优良传统的名校，来到这样的学校工作，我将永远铭记陶行知先生的那句话，"捧着一颗心来，不带半根草去"。

张老师教的是数学，刚入校就当上了班主任。在分数至上的年代，他带头冲撞应试教育的圈子，其做法是在自己的班级里组织多个兴趣小组。为了引导学生们参加各种兴趣小组活动，他亲任总辅导老师。每到活动课，他一会儿指导学生舞蹈，一会儿又在棋盘上与学生们厮杀……在孩子们的心中，他是全能的老师，不仅会文娱，而且会体育；不仅能为学生讲解应用题，还能向学生传授写作秘诀。同孩子们"混"在一起，他俨然是"孩子王"，他似乎不讲究"师道尊严"，但孩子们都喜欢他，愿意听他的话。他组织学生搞读书知识竞赛，让学生在知识的海洋里遨游；他组织学生开展剪纸、绘画等动手项目，让孩子们学会各种技能；他组织学生进行有趣的体育锻炼，增强学生的体质；他组织学生开展知识竞赛，提高学生钻研知识的能力……他班里孩子的激情被点燃，个个生龙活虎，各项活动中嗷嗷叫地勇争第一。在他和学生们的共同努力下，他所带的班荣获第一届"双龙杯"全国少年书画大赛优秀组织奖，1996 年获全国红领巾读书知识竞赛优胜奖，1997 年获得迎香港回归知识竞赛一等奖；在学校的运动会上，他所带的班级连续多年获得校前五名；在学校每年一届的艺术节中，连续多年获得校总分前三名。他带出来的"小能人"更是层出不穷：有获得学校学科竞赛一等奖的潘文、王雅洁、纪已睿、杨眉等，也有在校外摘金夺银的获全国书画竞赛一等奖的"中国百名好儿童"张亚明，有在广州参加"华杯赛"决赛并获得铜奖的李建业，有在淮阴市歌咏比赛中获得一等奖的"小歌唱家"蒋冰，有"华杯赛"复赛获一等奖的孙磊，还有参加全国少儿游泳比赛并获得季军的吴莹……

张大冬老师还是一个特别有爱心的人，遇到班里的"特殊学生"，他总会想尽一切办法，把他们拉回正确的人生轨道上来。

班上有个叫成小金的小男孩，因为父母离异，双方再婚，家庭对他关心不够，他思想上产生了负担，成绩下滑，后来经常出入游戏厅、录像放映厅，在那里寻求心理慰藉，逐渐成了人见人厌的"二混子"。张大冬对他多次教育无果，便开始了数次家访，反复争取其母亲和继父给他更多的关爱。老师的真情触动了家长，他们对成小金嘘寒问暖，给予了更多的关爱。在张大冬看来，这点变化也许还不足以温暖成小金的心，他发动少先队全体队员一起来关心他。有人陪他一起温课，有人陪他一起锻炼，有人陪他一起参加兴趣组，班里洋溢着暖暖的温馨团结的气氛。成小金体会到了父母和同学传递过来的温暖，渐渐地发生了可喜的变化，他白天在校认真学习了，下课回家不再乱跑，懂得尊重他人，关心他人，帮助他人。矫正了人生航向后，成小金的改变有目共睹，他的世界也变得美好起来。后来成小金长大成人，每年都坚持看望张老师，感谢他为自己系好了人生的第一粒扣子。

有一段时间，三年级的同学经常向张大冬报告，钱大力打人。钱大力为什么打人？他自己说，看不惯就打。经过了解，在家中，他父母是靠拳头和巴掌说话的。张大冬利用星期日家访，跟钱大力的父母交流。"孩子在班上打同学，其实就是家长教育的一种折射，孩子出了问题，其实根子在家长身上。"这席话说得钱家父母惊愕不已，原来他们认为小孩子不打不成器，自己就是挨父母打长大的，没想到打孩子是错误的教育方法。张大冬跟他们交流了培养孩子的心得，并且商讨了教育钱大力的具体方法。从此，张老师上课的时候经常向钱大力提问，并适时给予表扬，让他爱上了数学课。他的精力开始向学习上转移，在家长的配合下，其成绩不断提升，后来考进了重点中学。钱大力的父母曾感激地说："大力能有今天，多亏了张老师啊！他不仅是我小孩的老师，也是我们大人的老师呢！"

张大冬受到学生和家长的爱戴，同样也受到领导和同事们的赞赏，2010 年 8 月，组织上任命他为校长，把传递新旅精神的重担交给了他。

一晃十多年过来了，进入中年的张大冬身形微胖，显得敦实稳重，曾经浓密的头发虽已变得稀疏，但更显睿智沉稳。

聊起新安旅行团、新安小学的新旅实践，张大冬校长侃侃而谈，如数家珍。他说："我校是伟大的人民教育家陶行知先生亲自创办的一所实践其'生活教育'思想的实验学校,是著名少年儿童革命团体的母校。从我校走出的这支少儿革命团体的小团员们,被陶行知先生誉为一群小好汉,他们在中国儿童革命史上写下了光辉的一页。在长期的修学旅行和革命宣传活动中,小好汉们在新旅这所流动的学校里,边宣传边学习,运用'小先生制',学会了阅读和思考;采用'民主生活会'的方式,学会了自主管理;通过艺术的方式,宣传抗日、发动民众,在革命宣传中,培养和发展了特长。新中国成立后,新旅600多名团员中的大多数人成长为祖国建设的栋梁之材,创造了中国教育史上的惊人奇迹。"

新旅的实践是教育史上的佳话,也是对陶行知"生活教育"思想的最佳诠释,它成为新安小学最宝贵的历史财富和教育资源。为了充分发掘并发扬新旅的实践意义,新安小学从"八五"以来,坚持继承和发扬新旅精神,紧紧围绕"学新旅"这一主题开展系列活动,学校少先队组织被表彰为"全国少先队红旗大队"。"九五"期间,学校承担省教育科学规划重点课题"构建自主发展教育模式研究",从德育、教学、闲暇活动、课程设置、教育评价等方面展开了深入的研究,完成了自主发展教育的课程设置,构建了自主发展的教育模式、教学模式、闲暇教育模式,确立了自主发展的目标评价体系,取得了一批可喜的研究成果。"十五"和"十一五"期间,新安小学在对已有研究成果进行推广的同时,继续在实践层面对这一领域进行不懈的探索,也取得了有益的经验和成果。

当下的中国基础教育与社会和生活若即若离,甚而渐行渐远;学校教育中,对生活教育资源的开发和利用严重不足,学生成天和书本打交道的现象没有得到根本的改观;学校及师生自主成长的意识不强，教学方式和评价标准单一，学生的个性未能得到充分地张扬，学生的阅读能力、思维能力、独立意识、责任意识还有待提高等等。学生累，家长累，教师跟着累。教育以自身为轴，带动家庭和社会围绕着分数转，重"育分"轻"育人"，是当前教育的一个时代病症。分数对教育的异化表现在学生身上，就是学生被动成长，表现为依赖式生活、被动性学习和反向型价值观。现代学校正日益从封闭走向开放，强调社会、家庭、学校的高度统一，学校的学习活动也具有越来越多的生活色彩——从广泛意义上说，学生的在校学习也是一种生活。坚持用生活教育思想指导学生成长，就是要力图打破制约教育发展的藩篱高墙，打破学校与社会的壁垒，引进生活这一源头活水，重视教育与生活的关联，让学校教育走向社会生活，把社会活动、个人生活引进学校教育，让生活成为教育的内容、教育的渠道和教育的归宿。

针对学生的这些状况，借鉴新旅的成功育人经验，张大冬校长提出，新安小学构建"敢为小先生、能做小主人、争当小好汉"的"三小"育人体系，促使学生学会自主管理、自主学习、自主发展，争做"会阅读、善思考、能自主、有担当"的新时期小好汉。

多年来，新安小学一直以学习新旅的爱国精神为主题，以"传承、融合、发展"为思路，从校园的物化环境入手，凸显新旅母校的特色，让校园的每一片绿地、每一幢楼房、每一堵墙壁、每一间教室均充盈新旅文化的气息。

为了营造浓厚的新旅母校氛围，学校还对各建筑物统一重新命名："行知楼""达之楼""铭勋楼""新旅苑"……新安的历史穿越时空，在风格各异的楼宇间清晰呈现；"小好汉剧场""大鹏创作室""舒巧舞蹈房""肖峰美术室""王山实验室"……别致的名称讲述着一个个新旅团员成才的故事；"捧着一颗心来，不带半根草去""千教万教教人求真，千学万学学做真人"……走廊上、办公室里，陶行知先生的谆谆教诲扑面而来，言犹在耳。

为了更好地宣传新旅的爱国事迹，弘扬新旅的爱国精神，1985 年新旅建团 50 周年之际，学校落成了由张爱萍将军亲笔题名的"一群小好汉"群雕；2011 年又落成了"周总理和新旅团员"群雕，兴建了新安旅行团历史陈列馆，展陈了新旅革命活动历程的珍贵图片资料和实物资料。2005 年 10 月 10 日，新落成的新安旅行团历史纪念馆正式对外开放，成为新安对外宣传的品牌和文化名片。

走在新安校园，就像行走在历史与现实交融的空间；流连其间，就像阅读一本幽远深邃的典籍。

>>> 新安的"小先生"

在新安小学这部"典籍"里，"小先生制"可谓是浓墨重彩的一笔。

"小先生"就是小老师。陶行知先生说过："我们要跟小孩子学习，不愿向小孩学习的人，不配做小孩的先生。"他还创作了大量的儿童诗歌，歌颂唤醒儿童的力量，如"人人都说小孩小，谁知人小心不小。你若小看小孩子，便比小孩还要小""我是小孙文，我有革命精神。我要打倒帝国主义，像个球儿打滚"。学生可以做教师，学生能够做教师，教师也是小学生，能者就为师。新旅践行了"小先生制"，他们似乎没有明确的先生，但似乎又人人都是教师、教员、学生，一切都是相互帮助、相互学习、相互监督、相互支持。陶行知有一首小诗评价"小先生"：我是小先生，热心好比火山喷，生来不怕霜和雪，踏破铁鞋化愚蒙。

目前，大部分学校还是"师讲生听"，学生在学习中的主体地位缺失，陷入被动学习的困局，课堂参与程度低，绝大部分学生课堂展现机会少，学习不深入，以至于很多学生游离于课堂之外，上课无精打采，不爱动脑，课堂学习效率低。

那么，这样的被动学习是否就是学习过程的本质呈现呢？当然不是！因为学生在本质上还是乐于参与和表达的。新安小学党支部副书记周永飞介绍，每到新学期，很多老师会发现，刚接手新班级，有的孩子之前一学期基本没发言过，但新学期发言却很积极，发言时还会显得异常兴奋。这是因为新的环境、新的心理预期激活了他们潜藏的参与和表达的意愿。周永飞还举了自己的一个教学案例：班级要求学生按学号顺序每天轮流上台向大家推荐一首自己喜爱的古诗，轮到一个男生，他结结巴巴，就是讲不出所推荐的古诗好在哪里，自己为什么喜爱。老师改变策略，让他讲自己最感兴趣的内容，于是他滔滔不绝地讲起了三国故事，故事娓娓道来，引起不少同学争着与他交流。周永飞说，学生之所以陷入被动学习，根本上还是源于我们传统的教学组织形式过于僵化刻板，不能充分激发起他们的参与愿望。

怎样改变学生的被动学习状态呢？新旅团员们已经做出了榜样。在成长过程中，他们充分运用陶行知先生倡导的"小先生制"，以教人者教己，即知即传，即学即教，这既是一种教学方式，又是一种学习方式。2016 年，新安小学借鉴新旅的"小先生制"，大力推行"小先生"课堂，出台了"小先生"基本标准、基本范式和评价办法，鼓励学生人人都做小先生，真正还原学生的课堂主体地位，让学生教学生，让"课堂"变为"学堂"。

2018 年，新安小学又做了"小先生"课堂的升级版——"伙伴学习共同体"的实践研究，并成功获评江苏省基础教育前瞻性教学改革实验项目。"伙伴学习共同体"以"小先生"课堂为基础，让兴趣爱好相同、性格脾气相近的孩子结为学习伙伴，并初步构建了"伙伴学习共同体"学习模式：以"学生独学——组内互学　小先生领学——全班研学"为主要教学环节，以"情境创设——适时介入——点拨提升——评价激励"为基本教学策略，围绕核心问题，建立问题结构，让学生经历"发现问题——提出问题——分析问题——解决问题"这一不断循环往复的过程，在伙伴学习中互教互学、互帮互助、互探互究、互评互议，在和谐的伙伴关系中提升学生的交流技能、心理品质。"伙伴学习共同体"所引导下的课堂，参与性高，互动性强，师生共建一种伙伴学习的新型学生观、学习观，形成"问题结构化、训练常态化、学生主体化"的课堂新样态。

新安小学校本部副校长王勇介绍说："老师们大多是从师范学校毕业的，在教育方式上基本上都差不多。教学中出现的问题也相近，怎么突破这样的困局？新安旅行团基本上没有按传统的方式上过课，却培育出了许多人才，我们从新旅那里找到了答案——小先生的课堂，是教'学'的课堂，教学不是教书，也不是教学生，而是教学生学。教'学'，是小先生课堂的特质。通常'听'学，在脑子里留存只有5%，动手做题能留存60%~75%，而最高的是教别人学，可达95%，也就是说当'小先生'收获最大，把课堂还给孩子们是我们的正确选择。"

在开展争当"小先生"的活动中，新安小学不搞"一刀切""一锅煮"。一、二、三年级重点实行"小先生制"，而四、五、六年级重点是"伙伴学习共同体"。在人人争当"小先生"的基础上，每个班培育出10至15个成熟的"小先生"，在全校掀起争当"小先生"的高潮。这一活动，调动了孩子们的学习积极性，培育了孩子们追求向上的人格，极大地提升了学习效果，也成了最有效的"自我成长"的抓手。

新安小学新区分校二年级11班正在上语文课《找春天》。刘老师讲到一半的时候，笑盈盈地说："同学们！春天来到了我们的身边，刚才我们从课文里找到了春天的眉毛、音符和琴声，你们还能找到什么呢？我要选一个小老师来当我的小助手，这个小老师必须要讲清楚，而且声音要响亮，胆子要大，谁愿意来？"

同学们听了都纷纷举起了小手，有一位小同学把手举得高高的，跃跃欲试。老师扫视了一番，然后说："陈思源，你来！"

这位名叫陈思源的同学，走到讲台上，看了一眼大屏幕说："呃，同学们，我找到的春天是这样的：天空的燕子叽叽喳喳，那是春天的信使吧！你们在哪里找到了春天呢？"他模仿老师，特地停顿了一下，用眼神暗示同学们。

一位女生举手说："雪白的梨花飘飘洒洒，那是春天的笑脸吧！"

"你说得真好，还有谁也找到了春天呢？草原上、花园里都可以找找哦！"能听出来，这是"小先生"在启发同学。

同学们踊跃发言，气氛特别热烈。

最后，刘老师表扬说："小陈老师讲得特别认真，带着我们找到了春天的美，我们把掌声送给他！"

啪啪啪，热烈的掌声响起来了。大家都用羡慕的眼神看着"小先生"，他的脸上露出了满足的笑容，洋溢着快乐的神情。

三（6）班的徐腾宇同学是个不太自信的男孩子，老师非要让他去参加学校的"小先生"大赛，专治他的"不自信"，这不是要让他"出丑"吗？那么徐腾宇同学是怎么做的呢？下面这段文字是他自己的叙述：

记得二年级的一天，刚到学校，我就接到夏老师的"圣旨"，让我参加学校"小先生"的比赛。听到这个消息，我是又喜又怕。喜的是，这对我来说是一次锻炼的机会，说明老师信任我；怕的是，我是个不自信的男孩，万一我讲不好，岂不是很难看？并且也会让老师失望啊！不过"圣旨"谁敢违抗，我还是乖乖地"接旨"了。

接受了任务，我开始着手准备起来。先是根据课文制订了"小先生"要讲解的内容，这一做才知道，当一个小老师可不是件容易的事，讲课需要关注的东西很多。比如：如何引导同学来回答我提出的问题；对于同学们提出的不同答案，我要第一时间判断是否正确；还有当同学们回答得很出彩时，我应该如何夸奖他们等等，这些都是我需要训练的。

说到训练，我得找几位"学生"来配合。一回到家，我就把家里的桌椅摆放到位，拉着爸爸妈妈和弟弟快速入座。准备就绪后，我说："一、二、三，坐坐好！小眼睛，看老师！"随着我铿锵有力的指令，"全班的同学"抬头挺胸，端坐如钟。咦！怎么有个学生就是不听话呢？弟弟这个学生是不是有多动症？有这个学生真是让我这个老师不省心。继续上课吧，不能因为一个学生耽误一个班级啊。我指着妈妈说："你来说一说，小青蛙是怎么做的？"

妈妈站起来，大声地回答了我的问题。

"你回答得可真完整，请坐！"接着，我问，"这段话中还有很多动词呢，谁来说一说？"

爸爸高高地举起了手。

"请这位同学来说！"我手指着爸爸，感觉自己真像个小老师。

爸爸自信地回答完毕。

我说："你把6个动词都找出来了，真细心，掌声送给这位同学！"

就这样，我们不停地演练，直到感觉差不多了才结束。

第二天我参加了"小先生"大赛，在现场我表现自如，不仅表达流畅，和同学们互动也很精彩，台下响起了阵阵掌声。这一刻，我找到了自信，也从内心感受到了快乐！

那天晚上我做了一个甜甜的梦：有一天，我长大了，站在讲台上，拿着粉笔，给我的学生们上课，传授知识呢！

老师的一招治好了徐腾宇同学不自信的毛病，使我们了解到当"小先生"还有治病的功能，而患有"自傲"毛病的，又是怎么治愈的呢？

在新安小学，有别于低年级的"小先生"，高年级同学当"小先生"实则上是伙伴共同体学习。新安河西分校五（2）班的杜韦烨成绩不错，他的毛病就是"自傲"。那就请看给他"治病"的过程。杜韦烨同学在《伙伴共同体，让我们更团结》一文中是这样写的：

到了五年级，老师彻底地换了一拨。和上学期一样，学校分发了课堂上使用的"伙伴共同体"积分表。

我心想：这有什么用啊？肯定像往年一样只是一种摆设。但陈老师却拿起它说："这个表，我们之后会经常用，先让我给你们介绍一下……"

老师调开了我们组中学习好的学生。我以为组中并不会有什么变化，但并不是。一次英语听写，我照样得了一个大大的一百分，但组中43号照例得了一个"错13个"的差成绩。我并没多想什么，心想直接交给组长就行了。但我突然看到我的听写本竟在43号手中，我有些不乐意，去询问组长。组长一句话让我彻底明白"共同体"的含义："我们是一个小组、一个集体，比的不是个人，组内要互帮互助才好。"我若有所思……

外面暖洋洋的，同学们都打起了哈欠。老师是一个好舵手，一下子把方向转了回来："同学们，拿出人练习册，我请小先生来讲，颜外奖励上台的组5分！"我把手举得老高，心想肯定没几个人举手喽！可事实并不是这样，许多人都高举起了手。这下我才意识到了每个人都是组中的一分子，每个人都积极向上，想为本组做贡献呢。

这次老师并没有点到我。被请到的组有些兴奋，"呀""耶"等感叹声此起彼伏，没被点到的组则轻轻叹了口气。上去的人讲的并不是那样出色，也不流畅，但走下台都眉开眼笑，组员都会冲他露出一对小虎牙。

下课的时候我走在操场上想，因为有"伙伴共同体"，同学们变得不再自私，他们都积极向上、无私奉献。附近的草坪上小草正旺盛地生长，也代表着我们"伙伴共同体"会生机勃勃地永久发扬下去！

杜韦烨同学的体会非常深刻，他的傲气在共同体学习中发生了嬗变，转化成团结协作的精神，能自觉与成绩差的同学相处了。这尽管是不起眼的转变，但对他的人生却是一次重大的修正，这种修正将影响他的一生，因为我们的人生征途不仅仅是追求优秀的学习成绩，更重要的是在前进途中学会与人相处。不得不说"小先生"制的作用还真不小呢！

纵观新安小学的"小先生制"，分析了上百个案例，我们得出结论：实则上它的作用是让课堂变得更加精彩，学习变得更加有趣，从而使知识深深地刻进每个人的脑海。新区分校六（2）班赵欣然分享了他的故事：

我们开展"伙伴学习共同体"活动，以小组为单位，组员共同学习进步。老师上课时，也经常会让我们以小组讨论的形式交流题目。

记得有一次数学课上，张老师指着投影上的一道应用题笑眯眯地说："接下来这题，各小组交流讨论。"这题并不难，我的心里已经有了解题思路和具体答案。我暗暗地想：小组讨论也就是个形式而已，大家答案和方法肯定都一样。我们组站起来开始了讨论。首先核对答案，可有一位组员的答案却和我们并不一样，他看着题目说出了他的想法："题目上不是说两数的比是 2∶3 吗，所以我认为这里可以先除以 2，再去看别的条件……"他向我们展示了他写在草稿本上的计算过程。我很快发现，他算错了一个部分，我提出并纠正了他的错误。紧接着，我们小组组员纷纷发表自己的意见，我们有人用比，有人用方程，有人画图，还有人列了表……我们小组成员的想法各种各样，甚至八个人都各不相同，这让我十分惊讶。

到了评讲的时候，我们组十分自信，所有人都把手高高举起。张老师点到我们组的时候，我自信满满地带着组员上台讲题，我首先仔细讲了我的方法，又让我们组员提出另一种方法。整个展示过程中，我们小组成员吐字清晰、声音洪亮，且方法也比较完善，赢得了同学们一阵阵热烈的掌声。

我们在"伙伴共同体"的模式下勇于展示自我，集体合作迸发出智慧的火花。"伙伴共同体"让我们学习更多样，让课堂更精彩！我在"伙伴共同体"的模式下，与同学关系更加融洽了，个人成绩也有所提升。我们班级的风气也因此变得更好，同学们也更加团结了。

争当"小先生"能改变孩子们的性格，增强他们的胆量，或将改变他们的人生，在新安小学这样的事例不在少数。新区分校副校长樊春梅给我讲了一个孩子当"小先生"的故事。几年前，她带二年级的一个班，有个叫小洁的女孩二门课加在一起不超过 10 分。班上实行

"小先生制"后，语文课课前两分钟，由学生们自己组织做"经典推介"，按学号排，每个人轮流当"小先生"。小洁是个十分内向的孩子，平时很少听到她说话。樊老师鼓励她，让她也要勇敢地当"小先生"。那天小洁推介的是古诗《春居》，她一上台就很紧张，红着脸说不出来话。老师鼓励她，不要紧，背错也没关系。小洁开口后，不仅顺利地背下全诗，还说出自己推荐这首诗的理由。她的表现让同学们颇感意外，有几个孩子吃惊地张大了嘴，她结束推介时，同学们给她以热烈的掌声。过了心中的那个坎，从此，她经常当"小先生"。到五年级的时候，她的性格都发生了变化，变得活泼自信。在一次对别的同学"水能载舟，也能覆舟"的点评中，她幽默地说："君主要以老百姓为中心，而老百姓以美食为中心，没有什么事比美食更重要，如果有，那就是——'两顿'。"引得大家开怀大笑。

"小先生"的教育，增强了孩子们的自信心，但也有因此走到极端的故事。去年，王勇老师接手六年级一个班，班里有个留级的学生叫张目，他找了一首冷僻的诗，认真地做准备，还做了PPT。可是，轮到他当"小先生"推荐古诗时，他却不敢看台下的同学，手不知往哪儿放，声音像蚊子，语速还快。

"你停一下，"王老师打断他，然后问同学，"他讲得怎么样？"

"咦——"同学们摇着头。

王老师说："你叫张目，却不敢看大家的眼神，你敢不敢朝大家看？"

"敢。"张目说后朝大家看，并且操作大屏，声音也大了许多。

结束后，王老师问全班同学："今天张目怎么样？是不是很勇敢？"

同学们齐声说："勇敢！"满分是5分，张目得了4分。从此，他特别喜欢在同学面前表现。有一次回答一个比较难的问题，他答上来了，他得意地一转头，向后面的同学一抹头发，故意耍帅，引得同学们哄堂大笑。那段时间，他举手十分积极，每次都做鬼脸耍一下。

王老师找他谈话，一针见血地指出："你是不是有点过了？是不是找存在感？"

张目红着脸，不好意思地挠头。

"你下次再犯，我揪你耳朵。"王老师揪着他耳朵，缓解了尴尬的气氛。

张目扭头跑了，也开玩笑地跟王老师说："老师，我不举报你体罚我。"

后来，张目的这个问题得到了纠正。

教育的美好之处，在于为儿童的美好明天作了最精彩的预演。课堂生活是儿童一段特别的社会生活，在这里，儿童心智得以绽放与成长。杜威指出，学校科目相互联系的真正中心，不是科学，不是文学，不是地理，而是儿童本身的社会活动。"小先生"的课堂，是儿童主体的课堂，是儿童心灵与智慧放飞、神采与能力展示的舞台。更确切地讲，新安小学实施"小先生制"，实际上是要求教师能够自觉地与儿童进行角色互换，并相互尊重。儿童在这里既是学生，虚心就学；也是"老师"，就其所学，尽力去"教"——以教人者教己。教师只是在等待中点评，阻滞中疏通，精彩处赞美，师生在课堂里亦师亦友。

>>> 新旅小小讲解员

  新安旅行团历史纪念馆坐落在学校的东南角，它是全国百家红色旅游经典景区之一、江苏省优秀爱国主义教育基地、红领巾实践基地，也是学校开展未成年人思想道德教育活动的天然基地。少先队以新旅历史纪念馆为依托，开展了一系列特色鲜明的"学新旅"活动，其中"争当新旅小小讲解员"就是"小先生"课外活动的实践和延伸。

  新安旅行团历史纪念馆馆长、学校工会主席顾学让介绍说："我们的少先队员是纪念馆的主角儿，他们参与学习、探索、管理的每个环节。每年的新队员入队仪式、全校的大队主题队会、红歌演唱比赛，均安排在新旅纪念馆，让队员在红色基地接受党的教育，沐浴红色的革命洗礼。随着学生年级的增高，纪念馆与少先队积极探索总结新的教育方式，让高年级的少先队员参与纪念馆的历史资料挖掘，这已形成一套一至六年级的实践课程体系。为了培养和锻炼少先队员的能力，延续红色基因，我们还发动少先队员争当'新旅小小讲解员'，一来可以锻炼队员的普通话水平和胆量，二来让队员体验讲解员工作的辛苦，减轻讲解员老师的工作负担。就这样，我校就有了第一支服务于爱国主义教育基地的新旅小讲解员队伍。这些小讲解员主要来自三、四、五年级各中队，他们出色的表现受到社会各界来宾的称赞，为全校同学树立了学习新旅、当好'小先生'的榜样。他们还主动走出校门，到'周恩来纪念馆''周恩来故居'进行义务讲解，体验专业讲解活动的过程，学习专业讲解知识和讲解礼仪规范。2006 年 10 月，学校'新旅小讲解团'喜获江苏省红领巾走进爱国主义教育基地'五小'活动优秀团队称号。"

六年级的包雨函是位即将退出"小小讲解员"队伍的小姑娘。她眼里含着泪花，操着一口标准的普通话讲述了她当讲解员的故事：

回眸在小学的六年时光，最难忘的还是我在新安旅行团历史纪念馆讲解的日子。

一年级时，学校组织新生参观纪念馆。年纪尚小的我一进纪念馆的大门，就被那古朴的红墙、丰富的展品深深吸引住了，久久不愿移开目光。而更让我惊叹不已的是带领着我们参观的讲解员哥哥姐姐们，他们口若悬河、妙语连珠、神采飞扬地为我们讲解着新安旅行团一群小好汉那段艰辛却光荣的岁月。就在那时，我暗下决心，我也要成为他们中的一员，将这些故事讲给更多的人听，让更多的人了解这群英勇的小好汉们和新安旅行团的光荣历史。

我等呀等啊，终于在我四年级时，学校准备选拔一批新的小讲解员，我兴奋不已。一听到消息我就报了名，幸运地成为小讲解员的后备成员。接下来，我就开始了培训的日子。可是我发现，成为一名合格的小讲解员并不是件轻松简单的事儿。面对那繁长的讲解稿与复杂的走位、手势等，我不由地心生恐惧，这么多内容，何时才能练完呀？可一想到这是我从小就有的梦想，便咬咬牙，开始了辛苦的练习之路。每天放学完成作业后，我都会抽出半小时的时间用来熟悉背诵讲解稿。起初，我的背诵过程并不顺利，里面好多不了解的历史事件，还有事件发生的年代以及相关的人物，都是那么陌生，经常背得丢三落四，甚至背了后面忘了前面。我这才深深体会到，原来，成为一名小讲解员，是要付出很多汗水和努力的！于是我一狠心，继续坚持下去。终于，经过三周的辛勤努力，我顺利地记住整篇讲解稿。

接下来，便是练习走位和手势。我的指导老师是赵蓉，她曾经也是纪念馆的一名讲解老师，现在负责培训小讲解员。她声音甜美，又铿锵有力，我特别喜欢她。赵老师告诉我们："讲解员不是讲解机器人。要想成为真正的讲解员，优美的走位和手势等这些肢体语言必不可少。"以前我认为就是随便地走路罢了，没料到还要注意这么多细节：走路时要平视前方，面带微笑，双手交叉放在腹部偏左的位置，脚步要轻盈，讲解时侧身看着游客，切不可只管自己走路，而是要在自己讲解的同时，引导游客跟随自己。接下来，我们还要熟记展区内所有图片、物品摆放的位置，能够精确地向游客介绍……练习了一次又一次，枯燥烦琐的练习，让我差点失去了信心和耐性，甚至想到放弃，但是每每想到自己对成为讲解员的渴望，还有赵老师对我们殷切希望与陪伴，我还是选择了坚持。一年之后，我终于成为一名正式讲解员。

犹记得"转正"后的第一次大型接待任务，我们接待来自"长三角"地区的各位校长。活动前一个月，我们就进入了集训。那一个月，我们几乎是"稿不离身"。虽然我已经将讲解稿背得滚瓜烂熟，但是我还是将讲解稿放在衣服口袋里，这样无论我走到哪里，一有空闲时间，便拿出来读两遍，将讲解内容深深地刻在大脑里。周末，我们放弃了休息，整天泡在纪念馆里，练习走位、手势、背稿。

终于盼到了那一天。学校里热闹非凡，纪念馆前满是各个学校的校长。我们小讲解员非常激动，还伴着一点儿紧张。那天，我穿着白衬衫，蓝色工装裤，赵老师还特意为我们准备了崭新的红领巾，等待着领导们的到来。正当我焦急等待的时候，我听到了前面展区小伙伴熟悉的声音："下面由我的同伴为您继续讲解……"话音刚落，我就看到一群西装革履、神态亲切的领导慢慢地走了过来。该我讲解了，看到这么多的领导，我的心中突然像有只小鹿在乱窜，不由紧张起来。但当我看到墙上那熟悉的图片，想象新旅团员在辛苦岁月为抗日努力做贡献的时候，我暗暗告诉自己"别怕，不紧张，加油！"我深吸一口气，露出自信的微笑，敬了一个队礼，便开始了我的讲解："1945 年底，新旅向党中央毛主席写了致谢信，汇报团体成立以来的学习工作情况……"那时，我似乎化身为新旅中的一员，向别人讲述那段艰苦又光荣的战争岁月，用饱含深情的声音讲述一个又一个令人动容的新旅故事。或许，是新旅的精神慢慢地润泽了我，让我勇敢地面对挑战，而不是在困难面前恐惧退缩。那天，我发挥得特别出色，受到了领导们的一致认可。

时间总是在不经意间飞逝。一转眼，我们进入了六年级。该是我们退队的时候了。当我饱含泪水摘下讲解证的那刻，我发现我是多么热爱这份工作，多么不舍离开洒下我汗水与泪水的纪念馆啊！

回顾当小讲解员的日子，从懵懵懂懂一年级期待的我，到四年级勤勤恳恳刻苦训练的我，再到五年级可以自信娴熟讲解的我，新旅的故事陪伴我成长，新旅的精神铭刻在我心中。在我今后的人生旅途中，我会像新旅团员一样，不怕困难，勇往直前，直至到达胜利的彼岸！

已经在某名校中学读书的李沁菁开心地向我讲述了她当讲解员的故事。她说，我与小讲解的缘分还得从二年级每周六的兴趣班开始，一学期结束以后我被选拔为纪念馆小讲解员了。现在回想起当时的"丑"事，我们自己都忍俊不禁。

第一次培训时，我们观摩高年级的小讲解员为我们讲解新旅的历史，看着那一个个从容不迫、神气十足、脱口而出的大哥哥、大姐姐们讲解，我都看呆了，心里不由发出赞叹，太牛了吧！我暗暗地较劲，一定要讲得和她们一样，甚至比他们讲得都要好。辅导员老师分配我讲解第一部分，并选择了一名高年级的优秀小讲解员担任我的师傅，发给我们一份长长的讲解稿，告诉我当小讲解员需要注意的问题。

只记得当时，我第一次试讲时，因为紧张而忘词了，说话也是结结巴巴的，我急得眼泪都流下来了。我的师傅上前安慰我："没关系的，不要紧张，相信自己，第一次忘词都很正常的，我当年也一样。"她还告诉我背诵讲解词的方法，陪着我一起练习。

经过一段时间的培训，在我们这批小讲解员基本上都能讲出来后，辅导员老师慢慢地参与进来，她的要求也水涨船高——由"能"讲，到"会"讲，再到"讲好"。随着年级的升高，学习的压力与自己的兴趣爱好如何平衡，成了摆在我面前必须要处理好的难题。这时辅导员老师给我们减压了，她说："一路坚持走来的你们，一定是最棒的！老师相信你们不仅能当好小讲解员，学习也能学好！加油，孩子们！无论你们遇到什么困难，老师永远都会像你们的父母一样，做你们的坚强后盾！"老师还分享了自己当年如何学习的，如何处理教学与讲解矛盾的经历。老师的亲切话语，透彻的分析，让我吃了颗定心丸。我迅速地调整好心态，学习时就认真学习，讲解培训时就全力以赴。

功夫不负有心人。在长三角论坛、建校 90 周年、庆祝中华人民共和国成立一百周年等活动中，我的身影出现在讲解员的队伍里，除了为来宾讲解新安旅行团的光荣历史，还出演了一群小好汉里的女学生，采访了新旅老团员肖峰爷爷，接受过省电视台"玖玖为功"的采访。当然学习也没有耽误，我每学期都被评为"优秀小讲解员"和"五星少年"。

虽然我现在已经离开了心爱的小讲解员岗位，但我的眼前总会浮现当初培训的场景——注意眼神、眼睛朝我看、语速要慢、哎，对了，要有面部表情……还记得为了一个词、一句话、一个手势、一个眼神……我反复地练习，直到满意为止，真有种回眸一笑百媚生的感觉。

几年的小讲解员生活转瞬即逝，即使我现在已经上了中学，但我还是十分怀念那段快乐时光。正因为经过了一次次演练，一次次纠正，一次次地示范，让我从人后走到人前，从台下走到台前。讲解让我懂得了感恩，要感恩成长路上的遇见，要感恩帮助过我们的人。我还懂得了坚强，面对困难要勇于克服，面对失败要有再站起来的勇气。最后，我想说感谢母校，感谢老师，感谢当"小讲解员"这段人生经历！

同样曾是"小讲解员"、已经上中学的蒋子琳说："如今我已是一名初中生，进入初中的第一个月，我就将新安旅行团的故事讲给同学们听。因为这个原因，我也光荣地成为学校的义务讲解员。感谢母校给了我新旅历史纪念馆这片沃土，我一定会牢记校训，做'新时期的小好汉'，把新旅前辈们的光辉事迹带进高中、大学……"

>>> "小主人课程"进课堂

时下，孩子们都处在父母和隔代长辈的呵护中，大小事务均由大人包办。孩子们养成了依赖型人格，缺乏自主自立精神，由此产生了众多的"小皇帝""小公主"。

许多孩子缺乏基本的生活技能，他们不会穿衣服、系鞋带，上学总是父母或爷爷奶奶替他们背书包，也不会整理自己的学习用品，经常丢三落四。有的学生经常把课本或作业忘在家里，老师询问原因时，他们总会说，头天晚上妈妈忘了把课本和作业放进书包。原来，他们每次写完作业后，都是家长替他们整理学习用品的。有一天的一节课，三年级有一个班，先后有4位家长走进教室给孩子送东西。第一个是给孩子送课本的，第二个给孩子送家庭作业的，第三个给孩子送校服的，第四个给孩子送饭盒的。班里有一个学生课堂上常常把嘴里、手上、书本上弄得全是墨水。老师问他怎么搞成这样的，一了解才知道，原来这个孩子一直不会装墨囊，不知道怎样剥开墨囊帽子，只好用嘴去咬，弄得到处都是墨迹。

怎样让孩子不再依赖家长？新安小学把探寻的目光转向了新安旅

行团这一教育富矿。新旅在没有现成教材、没有固定校舍、没有专门教师的情况下，培养出一大批横跨多个领域的杰出人才，创造了教育史上的奇迹。产生这一奇迹的教育密码是什么？回顾新旅团员成长历程，他们自己管理自己，自己排练节目，自己制作乐器，自己组织学习，一切都依靠自己，养成了自主自立、不怕困难的精神。"自己的事情自己干"，就是新旅最核心的成功秘诀。

新安小学副校长、本部校区校长，江苏省德育先进工作者王晓明介绍说："相当一部分孩子存在不同程度的娇气、浮躁、怕吃苦等毛病，喜欢以自我为中心，不懂得关心和尊重别人，个别孩子甚至有坐享其成、好逸恶劳的不良习气。当下的少年儿童是在我国经济社会高速发展的顺境中成长起来的一代，他们过着衣食无忧的幸福生活。随着专业化、机械化、现代化的演进，现在人们对劳动的观念，特别是体力劳动的观念越来越淡化，以至于许多孩子四体不勤、五谷不分，培养他们的劳动意识和劳动本领是我们教育者应当承担的教育责任。为了落实立德树人的要求，全面实施素质教育，我们开展学新旅活动，学习新旅自主自立的小主人精神，像新旅前辈那样，从小学习做自己的主人，做学习的主人，做生活的主人，长大争做社会的主人。基于这些思考，我们编写了《小主人课程》校本教材，用'智慧的小主人''勤劳的小主人''健康的小主人''文明的小主人''快乐的小主人'五个版块，引领同学们全面、主动、愉快地成长为新时代的小好汉。五个板块涉及身与心、智与德、劳心与劳力、节日与假日、学校家庭与社会各个范畴，力求全方位、多角度涵盖孩子们学习的点点滴滴、生活的方方面面，让小主人意识渗入同学们成长的全过程。"

新安旅行团纪念馆副馆长王金桂补充介绍说："开设劳动校本课

程是我校继续新旅育人模式，培养新时期小好汉的主要手段。活动课程的开设最早可以追溯到法国思想家、教育家卢梭的'自然教育思想'，他主张教育应使儿童从社会的束缚与压抑下解放出来，回归人的自然状态，倡导自然教育，认为教育必须要适应儿童自然发展的过程。教育的作用不是告诉学生某个真理，而在于教他怎样去发现真理，主张将儿童放归大自然，在自然界中通过锻炼、劳动、观察事物来学习。杜威是活动课程的代表人物。他认为，传统的学科分得过细，同实际生活的距离较远，更忽视了儿童的兴趣和需要，主张'教育即生活''学校即社会''儿童中心''做中学'分科课程，强调通过游戏、活动作业、手工、烹调、表演和实验等来获得与社会相适应的经验。陶行知先生向来主张在劳力上劳心，他指出：'惟独贯彻在劳力上劳心的教育，才能造就在劳力上劳心的人类；也惟独在劳力上劳心的人类，才能征服自然势力，创造大同社会。'他还在《手脑相长》中说道，'中国有两种病。一种是"软手软脚病"，一种是"笨头笨脑病"，害"软手软脚病"的人，便是读书人，他的脑袋一定靠不住，是呆头呆脑的。而一般工人农民都是害的"笨头笨脑病"，所以都是粗手粗脚。一个人要贡献社会，一定要手与脑缔结大联盟。然后，可以创造，可以发明，可以建设国家。他还把会烧饭菜、会种园、会修理等列入应该掌握的必备技能。这些对于我们今天的劳动教育是很有启发的，我们培养的应该是'脑子指挥双手、双手锻炼脑子的手脑健全的人'，陶行知先生在《我们的信条》中说'我们深信生活是教育的中心'。然而，纵观我们现在的教育活动，偏离重心，远离体验，自觉或不自觉地走进了教育的误区，即重智育、轻德育；重道德说教，轻道德实践；重规范约束，轻道德内化。同样，目前活动课程有计划安排，但没有具体实施方案，工作要求不明确、没有阶段性工作布置，缺乏过程和细节管理，缺乏跟踪和预测性分析，在针对性、实效性方面没有太多思考。由于受传统观念的影响，有的老师有意或无意地认为活动课程是处于从属、辅助、被支配的地位，因此活动课程难以落到实处。新的时期，作为陶行知先生创办的学校，作为新安旅行团的母校，我们坚持把'学新旅'与学生'自主活动'结合起来，培养他们养成会阅读、善思考、能自主、有担当的好习惯，造就新时代的小主人。"

新安小学的校园里，到处都彰显着劳动的氛围。校门的宣传栏、教学大楼走廊墙壁上悬挂着有关劳动的名人名言。校内广播、黑板报、校园网充分地宣传，使全体师生了解劳动教育的基本内容、要求和重要意义，形成"人人知劳动"的良好氛围，为"人人爱劳动"打下舆论基础。通过劳动技能大赛，培养了学生团结协作精神，锻炼了学生的动手能力，丰富了学生的课余文化生活。除学校创设热爱劳动的环境氛围外，班级内也充满了浓浓的热爱劳动的环境氛围。班级黑板报、班训、专栏、条幅等都可见到热爱劳动的内容。班上还开展一系列以"劳动"为主题的中队会，开展"劳动之星"的评选，举办"劳动主题手抄报"竞赛，通过多种形式对学生进行热爱劳动教育，使"热爱劳动、劳动光荣"思想意识扎根在学生心里。

说到这里，还是让我们看看新安小学孩子们做小主人的故事吧！

一年级刚入学的孩子中有98%的学生不会穿衣服。而"小主人课程"第一课就是"我学会穿衣服啦"。一（2）班的王老师特意准备了卡通小兔子、拉链和圆领上衣各一件，她问孩子们："在家有谁是自己穿衣服的，请举手。"

结果没有人回应。她拿出那张正在哭泣的卡通兔子画问："谁在哭？"

同学们回答："是小兔子。"

老师面对着小兔子问："小兔子，你为什么哭啊？"

孩子们当然不知道小兔子为什么会哭，都竖起耳朵认真地听。老师反串兔子，发出哆哆的哭泣声道："我不会穿衣服，我很着急！"

孩子们有时早上不会穿衣服，也很着急，看老师表演得逼真，哈哈地笑了起来。

王老师问："小朋友们，你们愿意帮小兔子吗？"

孩子们开心地说："愿意！"

王老师拿出一件拉链上衣，请一个小朋友上来演示怎么穿。在老师的帮助下，这个孩子穿上了衣服。

王老师摸着他的头说："你真棒！"

那孩子开心地蹦蹦跳跳下去了。

王老师脱下自己的拉链衫，对孩子们说："同学们！下面跟我学，我们一边唱《穿衣歌》，一边学穿衣服。"

孩子们都显得十分兴奋，准备学习穿衣服。

王老师边唱边示范："抓住领口翻衣往背披，抓住衣袖伸手臂。整好衣服扣好扣，穿着整齐多神气。"歌唱完了，衣服也穿好了。

孩子们通过几次反复，也都记住了这首歌，学会了动作要领。

接着王老师又教大家怎么穿圆领衫。也是边唱边教："一件衣服四个洞，宝宝钻进大洞洞。脑袋钻出中洞洞，小手伸出小洞洞。"

孩子们学会了自己穿衣服，早上起床不再要家长帮助穿，让家长们大为惊讶。他们反映到教育局局长那里，说新安小学了不得，孩子上学没几天，就学会自己穿衣服了。

洪俊尧是低年级的同学，他对"小主人课程"可谓是情有独钟。他说："我对这个课程可感兴趣了，它讲的都是我们身边经历的事情，通过对这些事情的认识，我学到了很多知识。一学期的学习，我惊讶地发现自己变了。我学会整理自己的书桌啦！以前我总是随手乱放书，床上、饭桌上、沙发上、玩具箱里、卫生间……到处都有我的书，每次找要用的书，我都无从下手，最后都得求助妈妈。书桌上也是乱七八糟的，每天完成作业收拾书包，就跟寻宝似的到处找，为此没少被妈妈数落。"

"小主人课程"的第二课就是美化书房，看到书上整洁的书桌，洪俊尧心动了！他决定自己动手收拾书。他回想着沙老师给大家推荐的整理方法，把这学期上课用的书放进书桌的简易书架上。每天都在用的书本，靠书架左边摆放，便于随手拿到。书桌还空出一些地方，把经常用的工具书，比如字典、词典、成语大全，还有本学期的必读书靠右边放着。整理完书桌，再整理书架，怎么分类呢？他把喜欢的科普读物和侦探、探险故事书放在书架的中间，因为经常看，书架中间拿起来最顺手。书架上层放国内外的名著和历史书籍，这些是准备放假时看的书。整理书房花了一个多小时，洪俊尧看着整齐的书架，整洁的书桌，心里开心，特别得意。

妈妈回家看到洪俊尧整理的书架，吃惊地问："这，真的是你整埋出来的吗？"

看着妈妈惊讶的表情，洪俊尧忍不住哈哈大笑。这是他特别有成就感的一天！

妈妈接着还别有用心地说："整理容易，但保持住就不容易了，我觉得过几天你的书桌就乱了。"

洪俊尧不服气地说："妈妈，我会让您看到什么是坚持！"作为男子汉，绝不能食言，于是他坚持书从哪里拿，看过后就放哪里去。每天坚持整理书架和书桌，虽然很不容易，但坚持住就变成一种习惯了。

通过本学期的"小主人课程"学习，洪俊尧不仅学会了整理书桌，还养成了很多好习惯。比如，吃剩的果皮他会扔进垃圾桶，在家学着用简单的家用电器，帮妈妈用烤箱做蛋糕，在卫生大扫除中积极参与，每天自己主动洗漱，还洗了自己的袜子，懂得感恩……

妈妈看到洪俊尧的变化，开心地说："'小主人课程'开设得真好啊，孩子的习惯越来越好了！"

洪俊尧感慨地说："其实我发现这些事只要肯用心，去坚持做，真的不难，还给我的学习和生活带来了很大的帮助。"

沙老师却意味深长地说："好习惯的养成并不容易，但我们是新旅好后代，没有困难能打倒我们。"

二（6）班的张铭乐同学是这样描述他是怎么帮妈妈洗衣服的：

我学着妈妈之前洗衣服的样子，首先把盆里装满水，撒上一点洗衣粉，把衣服泡进水里。大约过了 30 分钟，我来到盆边一看，衣服已经在水里漂起来了，像一个个大气球似的。接着我把衣服的正反两面都涂上肥皂，用手使劲地在洗衣板上搓呀搓，这时，我看见有许多小泡泡从衣服上滚了下来，漂在水面上。它们挤在一起，有的像云，有的像月亮，还有的像小星星……洗完之后，我又把衣服反反复复清洗了三遍，拿到甩干机里甩了两分钟，再把衣服挂在衣架上，晾了出去……就这样，我帮妈妈把当天的衣服洗净了。妈妈夸我是一个能干的小男生。我还"谦虚"地对妈妈说："不要夸我，不然我会骄傲的哦！"

三（5）班的成逸果在课堂上跟老师和同学分享了她包饺子的经历：

我学着妈妈的样子，把饺皮放在手掌心上，用勺子沾点水涂在饺皮的四周，用筷子夹了一点馅，然后对折，用手一捏，一个饺子包好了。可是，我的饺子像打败仗的士兵一样，耷拉着头，无精打采的。再看妈妈包的饺子，个个都像大元宝似的，耀武扬威地挺立着。于是，我向妈妈请教，妈妈让我仔细观察。只见妈妈熟练地把饺子皮托在手里，用筷子把馅料填进饺子皮，然后把饺子皮对折，用右手食指和大拇指在顶部捏一下，用其他的手指拢住饺子皮的边缘，用力挤压几下，一个饺子就捏好了。我按照妈妈的样子认真地包了起来，果然比前面的几个好多了。妈妈夸赞道："宝贝真不错，一次比一次好，很多事情看起来容易，做起来难，得慢慢学才会做，熟才能生巧。"我信心大增，又继续包。妈妈把水烧开，包好的饺子像跳水的运动员一样，一个个欢快地跳进了锅里，不一会儿，饺子就浮上来了。妈妈把饺子盛在盘子里，我迫不及待地吃了一口，啊！自己包的饺子就是香啊！我明白一个道理：世上无难事，只怕有心人。

四（11）班的周桐萱是这么完成她的刷碗洗筷任务的。她是个快乐活泼的小姑娘，说起话来也非常幽默。她说：

首先，我得穿上临时准备的"战袍"来保证衣服的"安全"。之后，再端出一盆温度适中并且加了"调料"的"洗澡水"，搅拌均匀。然后呢，再把油腻腻的筷子兄弟扔进水里，先让它们泡个舒服的澡。片刻后，把筷子拎出来，给它们搓搓背、洗洗头，这些小家伙挤来挤去的，都想多洗一会儿，洗完后放到另一个盆里。接下来该轮到碗了，它们早就等不及了，争先恐后地跳进"浴缸"，游起泳来，游累了再来搓搓背，洗洗头。最后，打开水龙头，一个一个地把它们身上的泡沫冲洗干净，并拿干爽的毛巾给它们里里外外擦干，保证它们个个"锃光瓦亮"。妈妈检查后，给予我很高的评价。耶！好开心啊！

新安小学的同学到六年级的时候，不仅学会做西红柿炒鸡蛋、青椒炒肉丝等家常菜，还必须学会为父母做一两道他们喜欢吃的拿手菜，并要求能正确地使用洗衣机、电饭锅，帮助父母做一些力所能及的家务劳动。

新安小学学生生活技能的提高，让人耳目一新，而学校重视孩子们的精神成长，则更让人刮目相看。针对现在的大部分孩子不能接受批评、不能正确对待挫折等情况，"小主人课程"里都有相应的挫折教育实践课程。在一年级的时候，孩子们会接受"老师批评我了怎么办"的教育，让他们学会冷静面对，懂得老师的批评也是一种爱，批评是修正人生航向的重要力量，要能够愉快地接受老师的批评。同时，让孩子们把这一教育延伸到家庭，学会对待家长的批评。到五年级的时候，老师教育孩子面对挫折不气馁，让他们了解挫折是人生必须经历的过程，阳光总在风雨后，这是大自然的法则。课程讲述中外名人面对挫折和困难的故事，引领孩子们学会面对挫折，提高耐挫能力，鼓励他们遇到困难永不退缩，培养越挫越勇的精神。

孩子们最终要走上社会，他们必须从小学会怎么样与别人相处，新安小学同样也把这方面的能力纳入了教学的范畴。三（12）班的张佳艺同学最近特别烦恼，他说："前两天下课的时候，旁边有个同学被长绳甩到了，就因为那绳是我的，他们就说是我干的，我怎么解释都没人信，我越解释越生气，也越难过，心里特别难受，为什么大家都要误会我？为什么都不相信我！后来我都懒得解释，导致误会越来越深，有个好朋友还因为这个跟我疏远了，这让我更难过了。正巧，昨天我们学了'别人误会你该怎么办'这一课，我听得特别认真，因为我完全不知道该怎么办。课堂上老师让同学们讨论分享各自的好办法，我才明白，原来我解释大家不相信，也有我自己的问题。我总是气急败坏地跟他们理论，从来没有好好跟同学解释事情的经过，都是我态度不够诚恳，难怪同学们不想听。想到这里，我心里又高兴又惭愧。高兴的是，我终于知道人家不是故意针对我，我知道了自己的问题，也知道该怎么办了；惭愧的是，之前我一旦被误会，就跟人家大声理论，这种习惯很不好，以后我一定要好好改正！下课后，我怀着愧疚的心理，真诚地去跟同学道歉，并且心平气和地解释了事情的来龙去脉。没想到，之前我觉得特别不讲道理的同学，居然对我说，没关系，她也不好。我真的太惊讶了！以后，再有人误会我，我一定不会气急败坏了，一定心平气和地跟人家解释清楚，这样，误会就可以消除啦！"

学会宽容是同学们成长中的重要一课，五（6）班的王馨怡分享了她的一则故事。她说："我不知道宽容是什么，直到有一天，记得是周二下午专门上了这节课，我终于知道了什么是宽容。可是，光知道了，到真的能宽容还有一段很长的距离。记得有一回，我去叔叔家玩，来到叔叔家的阳台上，我就听到楼上传来了一阵'嘭嘭'的拍打声，接着许多羽毛和灰尘从天而降，这些灰尘落在了叔叔家的花上。我忍不住厉声向楼上呵斥道：'是谁呀，拍什么拍呀，没看见楼下有住户吗？'可上面的拍打声没有停止反而拍得更加猛烈。哎！太缺德了！

我一声叹息。过了一会儿，拍打声停了，我拿来水壶给刚才那些可怜的落了满脸灰尘的花儿们淋浴，晶莹的水珠在绿叶上滚动着，有的水珠还蹦到了楼下去。我向下一瞧，不好！水珠不偏不倚地落在了楼下正在晾晒的被子上，现在咋办呀？只见楼下的阿姨伸了伸头，我心一惊，怕阿姨骂人。谁知，阿姨笑了笑说：'今天天气真的很好，是可以浇浇花了！'说完，阿姨把几床被子拿回了屋里。我愣了一下，思考着，这是她对我的宽容啊！我便跑上楼，不好意思地低着头对阿姨说：'阿——姨，今天天气可真好，把被子都拿来晒吧！'阿姨也笑着说：'是呀，天气很好，你也很好！'在她满脸的笑容中，我看到了原来宽容如水般的温柔。在遇到矛盾时，宽容往往比过激的报复更有效，它抹去彼此一时的敌视，不耿耿于怀，不锱铢计较，和和气气，人与人之间的关系也变得更加美好。"

诚信是立德树人的重要内容，也是每个人的第二"身份证"。新安小学把它纳入了"小主人课程"，从小教育孩子们在日常行为中要诚实，坚守一诺千金的信用。四（11）班的陈朗同学就是一个非常讲诚信的人。

人们常说，诚信是金，诚信是立人之本。没有了诚信，我们就不能在社会上立足。

一次考试后，老师报到陈朗的分数，比他预计的高出了不少，他惊喜万分，心里乐开了花！拿到试卷后，他发现自己有个题目写错了，但老师还是错给了分，于是他内心犹豫起来，要不要去告诉老师？如果去就拿不到奖了，但如果不去，自己又过不了心中的诚信这一关，他陷入了两难的处境。

陈朗转念又想到小主人课程里的故事，列宁小时候在姑姑家打碎了花瓶，在无人知晓的情况下悄悄地回到了家，这事后来还是让妈妈知道了，妈妈给小列宁讲了关于诚信的故事，小列宁终于明白了其中的道理，在妈妈的引导下，他给姑姑写信，承认了自己的错误。想到这里，陈朗把考试卷递给了老师，指出了卷子上的错误。

列宁的那则小故事是《小主人课程》上的内容，陈朗同学通过学习，能借鉴这个故事，向列宁学习，在内心矛盾的情况下战胜自己，坚守诚信，说明他已经逐步成长了。在陈朗同学的人生中，这种成长，远比虚假的高分所得到的表扬和奖励要重要得多。类似这样的事，在新安小学已经蔚然成风。

经过《小主人课程》的洗礼，新安小学的孩子们养成了良好的学习习惯、劳动习惯、健康习惯、文明习惯、情感习惯，升入初中后，老师们仅凭孩子的习惯养成，就能分辨出哪些同学是新安小学的学生。升入高中和大学后，良好习惯如同人生成长的营养底肥，让他们长得更加茁壮。经由"小主人课程"养成的良好习惯，也为他们的学习和成长增添了动力，这如同给他们的人生插上了有力的翅膀，使他们能够飞往更高更远的理想天空。

>>> 小主人社团"达人"多

　　为了让学生能够自主发展，新安小学成立了合唱、舞蹈、书法、绘画、创客、篮球、足球、鼓号、象棋、魔方、朗诵、小主持等丰富多彩的小主人社团，让学生自主发现、培养、展示自己的兴趣特长。在充分的自主发展中实践陶行知先生的"六大解放"，将立德树人根本任务落实在自主化、生活化、校本化的育人体系中，变说教、命令式的育人方式为情境感悟、实践体验的育人方式，形成知情意行有机统一、螺旋上升的育人过程。引导学生在知行合一中实现自主学习、自主成长，从而形成从"小"处入手、在"好"字上着力、向"新时期小好汉"成长目标迈进的成长路径。

　　新区分校校长王柏说："我们传承新旅的'小好汉'精神，让孩子们在传承中创新，尤其是淮剧社团和瓦楞纸艺术成为我们分校的特色，也培训了一批又一批的'小达人'。"

　　淮安区政协委员、新安小学新区分校副校长樊遐军持续关注和推进地方戏——淮剧的发展，在与淮剧界老师交流后，他深入社区调查，走访学生家长，并与音乐老师探讨，最后形成了"淮剧艺术进校园"

的提案。在相关部门的支持下，新安小学新区分校与市淮剧二团合作，把"淮剧文化进校园"作为校园特色文化建设的切入点，长期聘请专业演员担任淮剧特色课程辅导老师，从文学、表演、唱腔、伴奏、服饰、脸谱等方面，普及淮剧知识，学习淮剧表演，传承淮剧文化。在大家的共同努力下，一批淮剧表演的新苗在新安小学苗壮成长。

孩子们淮剧表演得如何？在会议室里，播放了由该校学生创作并演出的小淮剧《新族情缘》视频。剧情表述的是学生甜甜要参加学校淮剧特色班的排练，却与晚上补习英语产生了冲突。爷爷不同意甜甜演戏，要她好好学习功课，以后争取考上好大学。一家人围绕这个话题，剧情展开了矛盾冲突与发展，妈妈是支持方，也是学生扮演的。她唱道："新安办学有理念，传统文化挂心间，开办淮剧特色班，新旅精神代代传，教育孩子正气树，做一名德、智、体、美、劳全面发展的好少年，好少年。"唱这台戏有甜甜、妈妈、爷爷和同学甲，共4个人，他们淮剧唱腔纯正，表演准确到位，内容紧扣现实，故事冲突合理，在座的观众看后给予了热烈的掌声。

淮剧给新安小学的学生带来快乐与成长，在教己育人方面取得了较好的成绩。2017年，淮剧进校园项目被评为淮安市校园特色文化项目。2018年，新安小学创作的现代淮剧情景剧《救赎》，参加市级比赛获一等奖。学校最近还排演了《梦想起航》《抗疫进行曲》等剧目，也深受帅生们的欢迎。

"新安小学新区分校的另一个特色便是瓦楞纸艺术品创作"，副校长樊春梅说，"多年来，新区分校始终坚持全面发展的育人观，积极传承新安新旅艺术教育传统，践行'尚美育人'的小学理念，2016

年开始利用课余时间办兴趣班，2018 年获批江苏省艺术教育特色学校。'爱尚纸艺'瓦楞纸艺术项目主要包含童心绘画、轻黏土趣玩、光影浮雕、衍纸手工、炫彩剪贴画等艺术创作形式。"

瓦楞纸艺术项目创建负责人、新安小学新区分校许金凤主任介绍说："瓦楞纸作品画面呈现浮雕效果，装饰感强，因为原料是废旧的纸盒，不仅将环保概念贯穿在创作中，而且在创意和视觉构成上，能产生独特的艺术感觉。第一次通知各班自愿报名，就有 50 个学生响应，孩子们特别喜欢这门艺术，他们跟着老师学瓦楞纸画、瓦楞纸雕塑，积极性特别高，结果我们的瓦楞纸不够用。后来，新安小学毕业生、一家纸业公司的老总知道后，特地送来了一卡车瓦楞纸，支持母校搞这个项目。这些年来，孩子们用瓦楞纸制作了上万件艺术品，他们从中找到了快乐。"

瓦楞纸社团的刘家意同学讲述了她学习瓦楞纸创作的经过："记得许老师的那幅周恩来爷爷的剪影，栩栩如生，让我过目难忘，从此，我产生了学习瓦楞纸创作的想法。我一刀一刀地刻，太难了，头发那么细，怎么刻呢？先放着，改雕刻眼睛，不好，眼球也刻塌了，心想，放弃算了。许老师鼓励我说，新安旅行团的王德威爷爷，刚开始也不会画毛主席和朱总司令的像，后来越画越像，他成了全国有名的大画家。许老师耐心给我讲解操作技巧，有时还手把手地教，我渐渐有了感觉，并爱上瓦楞纸艺术。在江苏省'童真里的色彩'儿童画创作大赛中，我以侗族人民赶歌会的风俗创作了《欢欢喜喜中国年》，获得了绘画一等奖。"

2019 年，"爱尚纸艺"瓦楞纸工作坊小学员在参加江苏省教育厅举办的"童真里的色彩"绘画大赛中多人获奖，许金凤老师也因此获得了"优秀组织奖"。"瓦楞纸"艺术社团在 2019 年淮安区中小学生优秀社团评比活动中，被评为"优秀社团"。目前，该校瓦楞纸艺术工作坊已成为学校一道亮丽的艺术教育风景线，吸引了不少学校前来观摩与交流、学习。

初夏的傍晚，夕阳西斜，蝉儿嘶鸣，鸟儿归巢。放学后，一群小男子汉们正在学校的操场上踢着足球。原来，这是足球社团在开展训练活动。

在球场外，三（12）班的张洺翊同学的爸爸第一句话就说"爱上足球，受益终生"。接着他说："张洺翊和他的哥哥从小就喜欢踢球。从三年级开始，张洺翊每天早上比别的同学早到校 1 个小时，参加校足球队的训练，已经坚持了几个月的时间，今年也有幸被选上，代表新安小学参加了区里的足球比赛。而他的哥哥在新小就读时，坚持了3 年的时间，2018 年小学毕业，目前就读于淮安外国语学校名校班。踢足球不仅能够强健体魄，重要是可以磨炼坚韧不拔的意志。记得有一次，新安小学足球队参加全区的比赛，一场淘汰赛中比分一直落后，老师们也一直给孩子们打气，直到最后一刻才扳平了比分，最终通过点球战胜了对手。那次比赛让孩子们获得了成长，他们明白了首先不能轻敌，如果骄傲了，那就失败了一半。其次，永远不能放弃，比赛没有结束，就应该全力以赴。那次比赛中，张洺翊腿摔破了，血流不止，简单包扎后，我又鼓励他继续坚持，直到比赛结束。我相信通过那次比赛，他会明白坚持到底才会成功的道理，这比任何书本上读来的教导都更加印象深刻。"

在音乐社团里，一个小姑娘正在弹钢琴，她指尖下流出来的音符，像小河的流水那样悦耳动听。她叫张可歆，参加 2018 年伯牙钢琴艺术节的比赛，获得了全国总决赛二等奖的成绩；2019 年 7 月，获得"我是小明星才艺大赛"钢琴组决赛未来之星；2020 年 6 月，获得新安小学校园文化艺术节器乐一等奖，同年 10 月获得伯牙奖江苏赛区儿童组一等奖。像她这样的孩子，在新安小学有很多。

"科学小把戏"过去受到新旅团员的喜欢，如今新安小学的同学们同样非常喜欢科学试验，对科学着迷，不少孩子通过实验成为科学小达人，学习成绩也有了提高。

新安小学本部四（2）班的张皓熙讲述了他的"会轻功的回形针"的实验故事。他开心地手舞足蹈，说："我们学校搞'奥妙无限科技文化节'，每个人都可以拍个有关科学实验的视频上交。听到这个消息，我兴奋得一宿没睡。我的实验是'会轻功的回形针'。妈妈拿着手机，时刻在准备拍摄，我拿起回形针，在水杯口一松手，它便掉进了杯底。第二次，我的手指头碰到水，以为回形针也碰到水了，手一松开，回形针像跳水运动员一样扑通一下跳入了水中，轻功表演又失败了。我深呼一口气，暗暗地想，失败乃成功之母，这次可要仔细操作，只许成功，不许失败呀！我朝窗外看了一会，平缓了一下情绪，第三次表演又开始了，我拿起回形针，屏住呼吸，目不转睛地看着回形针接触到水面，这时再小心翼翼、慢慢地松开了手……只见回形针像一艘小船，静静地漂在水面上。耶！轻功表演终于成功了。经过学校的层层评比和筛选后，我的视频最终被投到学校的大屏上进行展示。在科技节闭幕式这天，我还光荣地站在台上领奖了呢。"

我们都知道，鸡蛋是极易破碎的东西。古人常用"鸡蛋碰石头"比喻自不量力。如果说鸡蛋从高处坠落并能安然无恙，那简直就是天方夜谭，太阳打西边出来了。但是，科学这位神奇的魔法师可以创造奇迹。学校科技文化节将要举行一个"鸡蛋撞地球"的比赛。新安本部五（6）班的沙叶轩同学，周末在家，急忙查找资料。这个实验与人类航天返航有异曲同工之妙，鸡蛋好比飞船的载人舱，装上降落伞，就有可能保证安全无恙。接下来他想办做了一个三脚架，并用透明胶带将鸡蛋固定在里面，然后给它做了一个降落伞。沙叶轩同学来到窗前，把鸡蛋扔了下去。此时他的心里忐忑不安，头伸出窗外，紧盯着鸡蛋。降落伞在半空中迅速打开了，受到空气阻力的影响，整个装置宛如一根轻飘飘的羽毛，缓缓地落到地面上。他三步并作两步跑下楼，捡起鸡蛋仔细察看。哇！完好无缺！他顿时高兴得手舞足蹈，喜不自禁。"奥妙无限科技文化节"开幕式那天早上，随着张老师一声令下，选手们将手中的鸡蛋一齐扔下。只见它们有的像陨石一样"砰"地砸在地上，有的像空降兵似的缓慢地落下，有的宛如跳跳球撞在地上，随后又迅速弹起来。沙叶轩的那个鸡蛋，虽然出了一点小意外，摔在了一楼楼梯上，但鸡蛋竟然一点事没有，完整地躺在保护罩里，获得了成功。他感叹道："通过这次实验，我明白了科学就是要通过我们积极地去探索，去发现，只有不断地尝试，不怕失败，才可能把不可能变为可能，才能攀登科学的巅峰。"

新安小学在创新发明方面，从娃娃抓起，培养学生的动手能力，取得了丰硕的成果。新安小学五（2）班的于子洋是新安小学的创客小达人。一次偶然的机会，他路过学校的创客教室，透过窗户看到迷你的运载火箭、来回摆动的机器人、精细的齿轮、细长的杠杆……这些都深深地吸引着他，于是他参加了创客课程的学习，经过一段时间的努力，他能利用杠杆、齿轮、传感器等设计自己想要的机器人，还可以利用电脑设计简单的青蛙游泳之类的小游戏。2021 年

10月，他参加了中国青少年智能科学标准测评中心组织的机器人等级测评，通过了三级考核。在创客老师的指导下，经过反复地试验，他还制作出了触摸式"节能环保小挂灯"。

张思源同学从小就喜欢玩玩具，并且喜欢组装成不同的模型，他的理想就是成为发明家。有一次坐车，天气不好，看到有人放的警示牌，由于天气原因看不太清楚，他就想能不能做个像汽车闪光灯一样发光的警示牌，雨天和雾天都可以看得很清楚。他把想法告诉了爸妈，在殷敏和秦晓丽老师帮助下，他顺利地完成了这个创意作品，在江苏省青少年创新大赛中，他的"LED停车闪烁警示牌"获得了青少年科技创新成果小学组二等奖，"防酒驾控制器"获得第六届淮安区青少年科技创意一等奖，"智能学习桌"获得第六届淮安区青少年科技创意二等奖，"感应电风扇"获得第十五届青少年科技创新大赛青少年科技创意项目三等奖。

小好汉文学社也是颇受新安小学孩子们喜爱的社团，其中"大鹏创作室"和"锡华阅读室"成了孩子们常去的地方。

聂大鹏15岁那年在桂林参加新旅，先后担任伤兵之友队服务股长、西南工作队辅导员，新中国成立后任中国人民解放军总政治部文化部副部长等职，退休后创办《孩子天地》杂志。姚锡华，出生于江苏省南京市，1944年5月在苏北盐阜地区参加新安旅行团，后任光明日报社总编辑。新安小学专门设立了大鹏创作室和锡华阅读室，让同学们从革命前辈的身上吸取精神力量和文学营养。朱春年老师介绍说："近些年，新安小学设立了'写作小达人''写作小能手''写作小状元''诺贝尔文学奖'和'优秀习作指导老师'等奖项，激发老师指导孩子习作的热情，点燃孩子们文学创作的梦想。学校开辟'小好汉文学社'习作指导和交流阵地，创刊《芦芽》《芦芽·习作月报》，让学生感受发表习作的成功喜悦，体会写作的乐趣。"

2021年3月3日上午，淮安市新安小学举行第六届"写作小达人""优秀习作指导老师"暨首届"写作小能手""写作小状元""诺贝尔文学奖"颁奖仪式，获奖代表范芯瑀代表获奖同学，交流自己的写作收获。小姑娘落落大方，侃侃而谈，众师生听得津津有味。

老师们、同学们：

大家上午好！我是来自六（4）班的范芯瑀，很荣幸站在这里和大家分享我写作的一些"小经验"，我分享的主题是"用积累让作文开花"！

作为学生，我们每个人都渴望成为一名笔走龙蛇、华章立就的作文高手。但要写出好的文章来并不是一件容易的事，我认为学会积累很重要。

一是积累生活。"问渠哪得清如许，为有源头活水来。"生活就是作文的源头活水，要想作文写得好，就要学会观察生活，积累生活。

感受丰富有趣的家庭生活。处处留心皆学问。只要我们注意观察，体味亲人的一言一行、喜怒哀乐，我们就能从中发现丰富的作文素材。比如妈妈经常提醒你：热了就把外套脱了！做作业要专心！把头抬高！……其中包含了多少关心和爱护啊！最近，家里面谁最开心？谁做的家务事最多？你仔细观察了吗？只要我们做个有心人，那么，家里的乐事、趣事、烦心事，事事可入文。

体验多姿多彩的学校生活。有的人说，学校生活，上课、作业、考试三部曲，有啥好写的？其实，这三部曲就是好素材。别的不说，就说上课吧，哪节课最有趣？"趣"在哪儿？哪节课最难忘？最难忘哪个细节？再说校园生活还不止这三部曲，体育竞赛、文艺会演、班队活动，还有你和同学、好朋友之间的故事，不都是作文的好素材吗？

欣赏神奇奥妙的大自然。我们可以在父母的带领下去各地探奇览胜，也可以自己观察蚂蚁的路线，大蒜的生长过程。我们可以走进春天的公园，夏天的荷塘，秋天的田野，冬天的村庄，体会季节的变化。我们可以亲近山，亲近水，在自然中观察、体验，在自然中思考、成长。

"世界上缺少的不是美，而是发现美的眼睛。"只要放眼生活，细心观察，就不愁心中无话，笔下无文。

二是积累语言。生活的积累解决了作文写什么的问题，但怎么写呢？"读书破万卷，下笔如有神。"广泛阅读，才能文思泉涌。谈到积累，不能不说到阅读的积累。

重视课内阅读。语文书中有文质兼美的散文，有流传千古的诗歌，有引人入胜的小说；有的描景状物，有的写人记事，有的抒发人生感悟，有的介绍科学知识……这些文章都值得我们一读再读，细细品味，其中的精彩段落，更是值得熟读成诵，烂熟于胸，成为自己的语言。有了这些积累，我们驾驭语言的能力一定会不断提高。

拓展课外阅读。除了读教科书，还要大量阅读课外书。经典名著要读，现代科技也要知道；童话故事要读，名人传记也要翻阅；散文小说要读，诗词歌赋也要吟诵。通过摘抄、批注、写心得，我们一方面可以积累优美的句段，另一方面也可以增强我们对文章的赏析能力，在品读中学会遣词造句和谋篇布局。坚持不懈，你的语言就会生动有趣，富有生活气息。

三是积累情感。"文章不是无情物""一切景语皆情语也"，这两句名言道出了情感对于作文的重要性。如果说生活是文章的源泉，那么情感就是文章的灵魂。

没有情感的加入，是不会写出好文章的。比如去过庐山的人很多，只有苏轼写出了"横看成岭侧成峰"这千古名句；看过大海日出的人很多，只有巴金写出了脍炙人口的《海上日出》；看过黄河的人也不少，只有李白能写出"黄河之水天上来，奔流到海不复回"的气势。这是因为他们不仅看到了，而且被感动了。因此，只有当我们的心弦被触动了，产生了哲思，产生了激情，或者情感积累到非抒发不可的程度，我们才能写出感动他人的文章。

同学们，让我们积累生活、积累语言、积累情感，用积累让我们的作文锦上添花，切实提高我们的作文水平！

我的发言完了，谢谢大家！

台下所有的掌声献给了她。"讲得真好！"台下不少同学发出这样的感慨。

"传承中华诗词，弘扬民族文化"。新安小学一直重视诗教工作，通过诗歌教育，留住中国文化之根。他们的诗歌创作硕果累累，诗歌表演精彩纷呈，写诗诵诗蔚然成风。在市、区举办的文艺演出活动中，他们多次得到充分肯定；他们在竞赛中的亮相，屡屡摘金夺银。迄今为止，有近百位学生获市级一等奖；参加江苏省中小学诗歌竞赛，新安小学的学生取得骄人的成绩——在江苏省第八届中小学生诗歌竞赛总决赛中孟羽飞同学获一等奖，在江苏省第九届中小学生诗歌竞赛总决赛中颜子絮同学获一等奖，在江苏省第十届中小学生诗歌竞赛总决赛中夏语同学获一等奖。由于在诗教方面成绩突出，新安小学先后获得江苏省诗教先进单位和中华诗教先进单位荣誉称号。

>>> "红领巾"成了学校的主角儿

荀子说："不登高山，不知天之高也；不临深谷，不知地之厚也。"所以人们要想获得真正的知识，必须亲身参与社会实践。

"生活即教育，社会即学校"，要落实这一教育思想，传统的封闭式、包揽式的学校管理方式已经行不通了，非得采用全新的民主的自主管理方式不可。因此，汪达之早在接手新安小学校长一职时，就实行早会制度和轮流总值日制度，学校每天的学习、生活和劳动，都在当天的早会上民主讨论决定，然后由基本学生轮流担任总值日，负责主持一天的作息。生活上也全由学生自己管理，每天派两人在厨房值日，负责采购副食和制作三餐饮食。每天晚上有生活晚会，对当天的学习、劳动和生活进行讲评，开展批评与自我批评，培养学生们爱集体、讲民主的风气。

1931年的春天，紫蔷薇盛开的季节，一个低年级的小朋友蒋兆铭的哥哥来学校玩，顺手偷摘了一朵紫蔷薇花带回家，恰好被别的小同学看见了。在大人的眼中，这也许不是多大的一件事，但是在新安小学孩子们的眼里，却是件破坏公共财物的大事。当年只有12岁的张俊鑫担任轮值主席，那天的生活晚会上，他与同学们讨论如何处理这件事。有人提议让蒋兆铭的哥哥浇水，凡是学校里所有的花，请他通通浇一次水。还有人提出罚他保护紫蔷薇花，他每天到学校来的时候，就在紫蔷薇花下守着。也有人认为这样的做法不现实，经过大家七嘴八舌地讨论，最后，在张俊鑫的带领下，大家追到这个摘花的孩子家里。在蒋兆铭同学父亲的支持下，大伙儿把这位大哥哥"请回学校"，把所有的花都浇了一次水。这则学生自主治校的故事一直在新安小学广为流传。

新安旅行团的团员们成才率高，非常重要的一个原因就是他们实行自主管理的方式，这种方式能不断激发团员的积极性、主动性和创造性，激发团员对团体组织的向心力和认同感。惟其自主，才能让团员们摆脱强制的精神枷锁，主动接受实践锤炼和提升，主动进行自我规划和反思，团员们自身的可持续发展能力也才能不断得到培养和锤炼。在老团员张牧著的《忆新安旅行团》一书中，有这样一段话："为了让大家学会自己管理经济开支，团里决定每月男团员发三元，女团员发五元零用钱，自己买日用品。在生活会上，有人提议说，集体成批购买东西比个人零买便宜，我们自己办个消费合作社吧！省下来的钱，就是批发和零售的差价，又可以充实'快乐会'（每周末的一次集体聚会，有水果和零食，每个人表演节目）的开支。又有人提议：为保证个人的零用钱不在外面私下买零食吃掉，不如团里办个银行，用自己印制的内部票证，在团里的合作社里买东西。大家都说这些意见好，于是团里办起了合作社和银行，民主选举了合作社和银行的负责人……"可见，在生活会的长期培养下，民主不再是形式主义，已经成为团员们的日常行为方式。即使像使用零花钱这样的小事，团员们首先想到的也是用民主的方式来解决。民主，已经深深植入团体生活的方方面面，深深植入团员们的思想意识中。八十五年后的今天，回顾新旅的民主管理，依然能够给我们以深刻的启示。

新安小学积极为少先队员们参与民生管理搭建和提供合适的平台，鼓励少先队部建立丰富多彩的队员自主阵地，成立了丰富多彩的自主小队——"卫生监督哨""绿化小卫士""环保考察假日小队""红领巾纠察队"等，设立了礼仪值日岗、红领巾广播站、《小好汉报》编辑部、"红领巾小记者团"、"小好汉服务队"、"小好汉书屋"等小主人岗位，给少先队员提供众多的参与学校管理的机会，使他们真正成为班级的主人、学校的主人、生活的主人、学习的主人、活动的主人。他们在形式多样的自我服务和自我管理的活动中，增强了自主意识，增强了责任感，为塑造队员的人格奠基，打破学校与社会的壁垒，让队员在学校学习中感受社会生活，在社会实践中学习文化知识、增长才干。

星期三，校广播室内。播音台前端坐着两名四年级的少先队员。

一阵悦耳的乐曲过后，两名小播音员开始播音了："少先队员们，'新旅之声'广播又同您见面了。今天的节目有……"他们嗓音仍显稚嫩，可业务却很老到。

"新旅之声"广播站是少先队员们自办的广播站，栏目有新闻快报、知识长廊、音乐欣赏等，从节目编排、内容组织到现场播出，一切都由队员们自己做主安排。

其中"榜上有名"栏目，对上一周各班遵守纪律、广播操较好的单位进行表扬，讲述各中队涌现出的好人好事。"曝光台"栏目则会点名批评违反学校规定的人和事。孩子们反映，我们都希望上榜上有名栏目，最怕曝光台。播音员那句"希望这些同学时刻遵守学校的各项规章制度，维护学校的对外形象，也希望其他同学引以为戒，时时为班集体的利益着想"，时时敲打着每个孩子，让他们不敢犯错误。

新冠肺炎疫情防控期间，红领巾广播站给师生们宣传防疫知识，讲解洗手方式，"播音员"忙得不亦乐乎。而红领巾志愿者服务队的少先队员也在认真地履行各自的职责。一年级的少先队员秦小雨值班，负责监督所有学生从防疫通道里通过，他发现六年级一个大个子男生没有走通道，想从另一个地方钻栏杆进去。这个男生比秦小雨高出一个头。叫他要是不听，自己会难看，再说他要是打我怎么办？秦小雨犹豫了一下，但想到自己是新安的小主人，便挺起小胸脯，威风凛凛地高声喊道："那个高年级的同学，请您走规定的通道！"那个大个子男生不大情愿，却又乖乖地回来，走到他跟前，无奈却又风趣地说："你个小不点，还挺厉害！你一定能把世界来改造！"秦小雨知道，"把世界来改造"是《新安进行曲》里的一句歌词，他会心地笑了。

新安小学的少先队员不仅是校内文明行为的监督员，在社会上也发挥着他们的作用。一个星期天，新安小学二（6）班的姜羽哲同学和妈妈一起参加超市的促销活动，人特别多，大家都在排队，突然一个白影以迅雷不及掩耳之势插到了他们前面，定眼一看，是一位中年阿姨。姜羽哲同学认为这是不文明行为，少先队员应该管。于是，还没等妈妈开口，他就勇敢地走向前去，说道："阿姨，随意插队是不文明的行为，请有序排队！"那位阿姨听后脸都涨红了，从队伍中出来，同时点头表示歉意，旁边的人纷纷向他竖起了大拇指。回家路上，妈妈说："你平时挺胆小的，今天真是让我刮目相看啊！"他自豪地说"我们学校的小主人课程可不是白学的哦。"

妈妈夸他："真是个学以致用的文明好少年！"

　　三年级（3）班的朱珊同妈妈、弟弟相约一起去漕运广场玩。这是清明假期最后一天，阳光明媚，广场里有很多小朋友，非常热闹。朱珊看到有个小朋友随手乱丢食品包装袋，急忙跑过去说："小妹妹，你知不知道乱丢垃圾是不对的？如果每个人都跟你一样乱丢垃圾的话，这个美丽的城市不就成了垃圾窝了吗？"小妹妹看这位不认识的姐姐讲得在理，承认了错误，说："大姐姐，我知道乱丢垃圾是不对的，我以后一定会把垃圾丢到垃圾箱里。"说着就把垃圾捡起来，丢在了垃圾箱里面。傍晚回家的路上，弟弟看到马路边上有一块地方长满了小草，就跑了过去，踩着小草一直跳。她问弟弟："你有生命吗？"弟弟回答："我当然有生命了。"她说："那小草就没有生命了吗？你一直用脚踩着它跳，它也会疼啊！如果有人在你的身上跳来跳去，你会是什么感觉？小草和我们一样，有着自己的生命，有属于自己的世界啊！"弟弟听了她的这席话后说："姐姐，我知道错了，我以后再也不会这样做了。"说完，他用手慢慢地把小草一点一点给捋顺了。妈妈表扬说："姐姐做得对，弟弟也改正得快，都不错。"

　　新安小学五（3）班的宋振辰同学到电影院观看《狂野大陆》，他后面一位成年人把一双大脚跷在椅背上，臭脚丫子的味道夹杂着他女朋友吃鸭脖子的味道，着实难闻，令人作呕。宋振辰轻轻捣了捣妈妈，向妈妈示意。妈妈小声说："孩子，你忘了你们学校对每位学生提出的成长目标了吗？敢为小先生，能做小主人，争当小好汉，要么忍，要么行动。"宋振辰同学点了点头，深吸一口气，掉头说："叔叔，请您把脚移下去，您已经妨碍了别人。"接着又转向他的女朋友说，"电影院规定不可以吃如此怪味的食品，公共场所我们大家都得注意自己的形象，您说对吗？"那男的只好点头说："额，额，好！"
随后移下了臭脚，跟他同来的那位吃鸭脖的阿姨也收起了食品。邻座
的大姐姐夸奖说："这孩子真棒，敢于大胆纠正大人的不良行为。"
宋振辰同学表示："从今以后，我会更好地做一名文明的小主人，管
理好自己，同时也会提醒身边的人。"

>>> "小好汉"的行走课堂

新安旅行团是一所行走的学校，而当下的新安小学传承新旅精神，组织学生接触社会，创建"行走的课堂"，实践"生活即教育，社会即学校"的教育理念，鼓励学生争当"小好汉"，这些举措深受师生们的欢迎。

从 1985 年到 1992 年，新安小学每年都要组织"重走新旅路"活动。如今 40 多岁的刘晓珍女士曾经参加过这一活动，她身材苗条、身姿挺拔，小时候是新安小学的文艺骨干，舞蹈跳得非常好。她说："学校因为搞了新安旅行团成立五十周年的大庆，第二年组织我们学生'重走新旅路'，目的地是南京。那时候我三年级，和十几个小孩子一起，上午九点登上了大巴车，那时候没有高速，路不好走，车沿着洪泽湖大堤开，下午三点才到南京。新安旅行团曾在南京与市长发生冲突的故事我们都听说过，巧的是这次接待我们的也是南京市的市长，所不同的是，以前是国民党的市长，现在是共产党的市长。临行前，校长关照我们，要注意言行，我们这帮孩子都是第一次到外地，人生地不熟的，还要见领导，个个都感到紧张。记得那位南京市的市长见到我们学生非常客气，还给我们每人赠送了一盒雨花石作纪念。一位女同学也不知道是紧张还是激动，忘了敬少先队礼，回来还挨了批评。"

在这次活动中，刘晓珍他们参观了紫金山天文台，拜谒了中山陵，游览了夫子庙，几十年过去了，她记得最清楚的是到雨花台祭扫英烈。那时，电视上刚播过连续剧《红红的雨花石》，它的片尾曲《我是一颗小小的石头》大家都会唱。在前往雨花台的路上，不知谁带头唱了这首歌，后来大家陆续加入合唱："雨儿轻轻飘，心儿似火烧，那是谁的泪，在脸上轻轻绕。石对雨的爱，就像蓝的海，虽有万千语，不知怎么去表白。嗨！你在哪儿？嗨！我看不见。我是一颗小小的石头，深深地埋在泥土之中……"他们反复唱这首歌，一直到抵达雨花台才停下来。

刘晓珍动情地说："我要感谢新安小学给了我那次机会，新安旅行团精神影响了我一生。"

新安旅行团历史纪念馆馆长、新安小学工会主席顾学让是1992年最后一届活动的组织者和参与者。这一次"重走新旅路"目的地是盐城，那是新安旅行团回到根据地卓有成效开展工作的地方。

经过几年摸索和实践，"重走新旅路"活动在师生中有了较大的影响，孩子们都盼望暑假能参加"重走新旅路"活动。顾学让回忆说："这次我们对队员要求比较高，不仅要求成绩好，而且要有才艺，队员不是主持人就是小歌手，不是会跳舞，就是会朗诵，个个多才多艺。学校做了一面团旗，让队员们在上面签名，队员们穿统一的T恤衫，在学校操场集合，举行出发仪式。"

第一站是阜宁。新四军盐阜区抗日阵亡将士纪念塔在繁茂的苍松翠柏包围中，少先队员们找到了新安旅行团三名团员的名字，他们分别是在与日寇遭遇战中壮烈牺牲的张杰、张平，还有在恶劣条件下被病魔夺去生命的女队员岳荣烈。少先队员们为烈士敬献了花圈，并庄重地在烈士碑前举手宣誓。

新安小学的少先队员们与阜宁实验小学同学举行了联欢文艺晚会。在晚会上，主持人介绍新安旅行团的事迹，队员们唱新安旅行团歌曲，跳新安旅行团的舞蹈。这天晚上，他们没有选择住宾馆，而是在学校的教室里宿营。课桌拼在一起当床，每个小组的组长负责组织大家洗漱就寝。第二天一早，他们打扫卫生，教室恢复原样。

小队员玲儿在日记里写道：桌子当床，睡起来很硬，第二天起来，腰有点痛。但是想到当年的新旅团员坚持在根据地反"扫荡"，与他们睡在盐蒿地里相比，我们如今的条件不知道要好多少倍，我就觉得无所谓了。

少先队员访问了生活在盐城的新安旅行团团员，听他们讲新旅故事。在新四军军部纪念馆，他们发现有关新安旅行团的史料，非常激动，纷纷拿出本子抄写。

根据上级的要求，考虑到孩子们的安全，外出访学活动停止后，新安小学改为就近访学，由各班级少先队组织，使这项活动又延续下来。

各班级少先队走进周恩来纪念馆、关天培纪念馆、吴承恩纪念馆，学习淮安革命和历史、文化人物的事迹；他们走进漕运总督署、淮安府署、河下古镇，体验淮安深厚的历史文化底蕴；他们走进萧湖公园、森林公园、白马湖，考察当地的动植物生长环境；他们走进大运河立交地涵工程、高铁站工程等，感受祖国的现代化建设成就……

新安小学新区分校六（6）班韩沛怡同学记录了她去白马湖游学的经过：

周四放晚学时，杨老师告诉我们，周五下午学校要组织五年级学生坐大巴车到白马湖森林公园游学，全班顿时沸腾起来，同学们有的跳起来，有的手舞足蹈，还有的欢呼雀跃地抱在一起。这时我同桌周丫淇小声地说："我可以不去吗？"

我问："为什么？"

周丫淇皱着眉头说："我晕车。"

我拍了拍胸脯，说："没事儿！有我呢，我会照顾你的。"

她朝我看了看，我再一次肯定地点了点头。

晚上回家，我把这事儿告诉了妈妈。妈妈怀疑地对我："你能照顾人？自己恐怕还要人照顾吧？"

我噘着嘴说："你不要门缝里看人——把人看扁了！我都长大了，是五年级学生了。"

第二天，大家排好队上车。汽车发动了，同学们像一群快乐的小鸟，叽叽喳喳的，还在导游的带领下唱起了歌儿。车开了一会儿，等了几个红绿灯之后，周丫淇开始不舒服，她说："不好，我受不了了。"我赶紧拿出一个塑料袋，递给她。只见她"哇"的一声，吐了出来。顿时，车厢里散发出一股刺鼻的气味。"哎呀，这个味道真是……"就在这时，我的胃里也开始翻滚起来，好像很多人在吵架似的，又仿佛动起手来，你推我一下，我推你一下，撞在我的胃上，好难受啊。不好，他们好像动起了武器，一发炮弹重重地击中了我的胃，好像把所有的食物都"炸"起来了，直往外涌，我紧紧地闭上嘴巴，用我的舌头把它们全部"镇压"下去。我赶紧打开车窗，一股清新的空气飘进来，这才舒服一些。

车上有同学捂着鼻子，有的直躲让，甚至有同学说："是谁啊？这么恶心，难闻死了。"还有的说："晕车还出来玩，真是的。"

我愤怒地说："周丫淇今天已经不舒服了，你们还责怪她，不是让她更不舒服吗？"说完，我用纸巾帮她擦拭干净，安慰她："没事儿的，有我呢！"不一会儿，到目的地了，我连忙扶着周丫淇到卫生间洗洗干净。她说："今天真是谢谢你啊！"我又拍拍胸脯说："怕啥，有我在呢！"说完我们俩咯咯地笑了。

我们找老师要了晕车贴，还有同学给了橘子皮和生姜片。下午回来，我小心地给周丫淇贴上晕车贴，让她嘴里含着生姜片，手里拿着橘子皮，特地选了个靠窗的座位给周丫淇，自己就坐在她旁边。或许是玩累了，大家一上车便都呼呼大睡起来。我可不敢睡，我一直看着身边的周丫淇，生怕她再晕车。谢天谢地，一路平安，周丫淇安全到达学校。

第二天，杨老师来到了教室，班长把昨天的事情一五一十地向她做了汇报。杨老师听了后，微笑着点点头，教室里立即响起了震耳欲聋的掌声，大家向我投来赞美的目光！

我在这次游学中，帮助晕车的同学，获得了友谊与赞美，这是在普通课堂和教科书里得不来的人生体验。

2017年暑假，根据省教育厅的安排，新安小学派19名同学会同兄弟某中学赴新加坡修学旅行。按照要求，每10人安排 名老师陪同，19个人只能安排一名老师，学校指派顾学让老师带队。

顾学让说："19个人中，小的三年级，大的五年级，到国外语言不通，人地皆生，要保证他们不出问题，难度很大。怎么办呢？我想到了新旅自主管理方式。五个人一组，把他们编成4个分团，选出分团的团长、副团长。站队、坐车、吃饭都有规定的位置，谁挨着谁都不变，这样不管是少了谁，同学们一下就能发现。七天时间，要求他们向新旅学习，每天早上开晨会，布置一天的工作，讨论怎么完成。晚上开民主生活会，回顾一天的行程和学习，开展批评和自我批评。人人都要写日记，记下自己的收获。批评与自我批评是每天民主生活会的重要内容。每一个团员，若发现错误，一定要提到这个会上让大家批评，帮助他分析发生的原因和对各方面的影响，以及如何去克服等等。这样不但被批评的人能够得到很好的教育，别的人也同样受到很好的教育。"

临行前，顾老师给队员们提了要求，必须自己整理行装，家长可以指导，提前演练，但不能替代，要培养自己的动手意识；不得擅自离开团队单独活动，如必须离开时，需要提前告知带队老师，培养集体观念；互相提醒，不得迟到，按时集合，培养时间观念；一切行动听指挥，遵守当地的法律法规，培养纪律意识；文明礼貌，举止大方，在任何地方都要养成排队、遵守秩序的习惯，体现中国人良好的文明素养，培养自己的国家意识。

顾学让说："孩子们做得非常好，没出任何意外和事故，原因是自我管理发挥了重要作用，尤其值得一说的是晚上的民主生活会。有一次外出吃烧烤大餐，其中有一个孩子觉得特别好吃，就偷偷在自己的包里藏了一份。这事让他同学发现了，晚上，这个同学就对他提出了批评，说他多吃多占，行为不美。这个多拿烤肉的孩子也诚恳地作了自我批评，表示自己今后不再犯这个错误。有一个小女生比较自私，她的东西不愿意分享给别人，同学们在晚上的会议上批评了她。她哭了，会也不开，跑回自己的房间把门反锁上，蒙着被子大哭，其他人进不去。分团长向我汇报了情况。我对她说，这事看起来难，但你自己想办法。分团长看我不肯出面，知道也是在锻炼她，于是带着另一个女生去门口劝说。她说，我们一起出来一趟不容易，大家要互相帮助，互相理解，批评你也是关心你，你难道不知道新旅的团员们都是这样帮助关心的吗？经过她们苦口婆心地一番劝导，那个小姑娘开了门……"

孩子们在这次国外的研学中，聆听了国外老师的英语授课，参观了野生动物园，体验了新加坡的美食，不仅大开了眼界，而且增强了国家意识。队员任萱泽在自己的《新加坡修学旅行有感》中写道：由于我们跟着老师旅游，父母不在身边，这也是锻炼独立能力的良机，一些意外情况必须自己解决。就说那天在"圣陶沙环球影城"发生的小插曲吧！中午和同伴吃过饭，走到一个卫生间门口，我想上厕所，我脱下背包递给同伴，说："你们等会我，我随后就来。"可等我出来时，她俩就像消失了似的，无影无踪。我东张张，西望望，怎么都寻不到熟悉的身影。身处异国他乡，我有些心慌了，老天呀，我一没手机，二没钱包，怎么和她们联系啊！我会不会被陌生人拐骗？还能不能见到爸妈呀？我越想越害怕，眼泪也在眼眶里打转。但又一想：我是个大孩子了，不能哭。于是我鼓起勇气，开始在附近寻找。我脑子灵光一闪，离我们集体用餐的时间不长，会不会还有同行的其他团员在餐馆呢？我一路小跑，苍天不负有心人！竟然看到了一起来访学的其他学校的两位熟悉的中学生姐姐，她们正坐在餐馆里聊天呢！我向她们说明事情的原委，顺利地联系上老师和同伴。真是"山重水复疑无路，柳暗花明又一村"！

临行前，家长、老师反复叮嘱我们："到了国外，一定不能丢中国人的脸。"我把这句话牢牢记在心间。也是在环球影城自由活动时，我们几个人买冰激凌，一个同学没拿好，"啪"的一声，冰激凌"粉身碎骨"了。一旁的同学立刻抱怨道："你怎么拿的？"我吓了一跳，万一罚款就要给国人丢脸了。"快拿纸巾擦干净！"我提醒站着发愣的同学，于是大家一起掏出纸巾，蹲下身子小心地擦地。这时，一位阿拉伯装束的阿姨说着流利的外语，指指地上的冰激凌摇摇手，又对我们竖起大拇指。我恍然大悟，告诉一脸茫然的同伴："人家是说冰激凌掉地上不要紧，还表扬我们的行为。不过，我们还是擦干净再走。"同伴们纷纷点头支持。因为一个小小的举动给自己和国家争了光，我们很自豪。真希望所有的中国人在自己的国度也好，在国外也罢，都要讲究文明，爱护环境。

　　这次出国，新安小学的同学不仅开阔了视野，还锻炼了能力，真是一次意义非凡的修学旅行。这也实现了汪达之先生六十多年前，带着新安小学学生到国外旅行的夙愿。

>>> 三天农民两日兵

学校的少先大队决定在暑假开展"争当小好汉"活动项目评选。可是随着时代的发展，新安小学所在地已经完全城市化，孩子们暑假里除了做作业，还能做些什么有意义的事呢？发扬民主，自己的事情自己讨论，有的人想去当交通执勤的民警，有的想体验环卫工的工作……各种意见集中到大队来，最有特色的"三天农民""两日兵"被"争当小好汉"活动选中了。

对于没有田间劳作体会的城里孩子来说，到农村去当"三天农村娃"该是什么感受呢？

同学们欢喜地迎来了盼望已久的暑假，五年级的张亚明同学和一群小好汉就背负行囊离开喧闹的城区，到农村去体验生活。汽车载着他们一路颠簸着来到了离城较近的徐杨乡。他们每三个人一组被分配到不同的家庭中，张亚明这组被分到了二柱家，他们三人同二柱一起吃，一起睡，一起干活，一起玩耍……张亚明他们三人从没见过牛，而二柱家牛棚里就养了一头大水牛。天刚蒙蒙亮，二柱就带他们去放牛。

二柱告诉他们："放牛要趁早，因为早上有露水，牛吃了带有露水的草是有营养的。牛要吃几个小时才能吃饱，如果不早点出来，中午天气闷热，牛就不想吃了，只想着到河里去泡澡。"二柱牵着牛绳，他们几个人跟在后面，深一脚浅一脚地找到了一个水草丰茂的地方，那里已经有好几头牛了。

张亚明得意地牵着牛绳。二柱说："牛绳不要离手，否则牛会偷偷地吃庄稼。牛脾气上来了，还会和别的牛打架，容易斗伤了。它要是跑了的话，你可撵不上它。"

几个人就一直盯着牛吃草，时间一长就觉得没意思了。只见二柱变魔法似的从怀里掏出几本小人书递给他们说："我就知道你们耐不住了，你们先到田埂上看书，待一会儿我教你们骑牛。"正当他们津津有味地翻阅书籍时，耳边传来了悠扬的短笛声。只见二柱戴着草帽骑在牛背上吹笛子呢。二柱说："这是跟挑糖担的爷爷学的，爷爷早年参加过公社的宣传队。"太阳已经升得老高，气温渐渐上来了。二柱朝张亚明招招手，示意他们过去，他要教他们骑牛了。二柱家的牛很高，他们几个人伸手都够不着脊背，怎么骑得上去呢？二柱说："骑牛首先要观察一下，等牛的一只前腿在后，还没朝前迈的时候，立即踩到它的前腿胯骨上，然后抓住脊背，一跨腿就骑上去了。个头矮的人可以把牛赶到田埂下，人站在田埂上，再骑上去。"二柱还说，"等牛吃饱了再骑，这样牛的背部就更宽大一些，牛也会更温和一些的。"每人都试着骑了一次，都说太有趣了！早上，大妈早早地就把米粥端上桌子，招呼几个孩子吃早饭，饭后带他们下地薅草。二柱妈妈不习惯城里的孩子叫她阿姨，她说："我们这里不兴叫阿姨，我比你们妈年龄大，就叫我大妈。"于是他们入乡随俗，都改口叫她"大妈"。

几个人来到秧田边，挽起裤腿，光着脚下了田。软泥从脚趾的缝隙中冒了出来，凉凉的、痒痒的，很舒服。大妈教他们辨别杂草和稻秧，担心他们拔错了。张亚明咯咯地笑了，说："这有什么难的，我们学过一篇课文叫《小稻秧脱险记》，都会辨别。"可是，当眼前满是一片绿油油的稻秧时，他傻了眼。大妈也笑了，提醒说："只要记住一点就不会错了，那就是稻秧的茎和叶相连处有绒毛，而杂草是光滑的，没有绒毛。"几个人按照这个方法真的薅掉了不少杂草。二柱推来了手推车，几个人一起把这些杂草抱上了车子，运回去喂牛。劳动了一个上午，腰酸背痛，虽然很累，但是他们却十分开心。

几个平时午休惯了的城里孩子中午也不想浪费玩的时间，非要二柱带他们出去玩个好玩的项目。二柱想了想说："那我带你们去烤黄豆。"大家都说，又玩又吃，太好了。二柱揭开家中存放黄豆的桶盖，让每人抓了一把豆子，直奔村外，在路边挖一个小坑，把找来的干树枝和干草放进去，然后撒上豆子，点燃后不久就听到"噼噼啪啪"豆子裂开的声音。旁边正在反刍的羊儿被惊得咩咩直叫。不一会，烟火渐渐熄灭。二柱将外衣脱下，对着烧熟的豆子扇风，把灰烬扇去，那随风飘散的诱人香气夹杂着一丝焖味儿，让他们实在按捺不住。大家像一头头小猪似的，开始抢豆子吃。城里的孩子是捡一粒吃一粒，二柱和他们不一样，他是捡一把豆粒放在手里，然后吹掉烟灰，一齐捂到嘴里，这样吃又香又过瘾。城里的孩子也学着他的样子去做，不过有几次捡起来的豆粒好多都是黑乎乎的，感觉火候过了，味儿也不太好。正在犹豫吃还是不吃的时候，二柱告诉他们："大人们常说，吃点儿焖的不闹肚子。"在他的鼓励下，城里的孩子争着将一把豆子送到嘴里，正嚼得有滋有味的时候，二柱坏笑着说："你们吃的哪是豆子，分明是一把羊屎蛋子嘛。"

"呸呸呸……"几个人不停地吐着唾沫，想作呕。

二柱看到这一幕，捂着肚子，笑得躺在地上。接着三个城里孩子都开心地笑了，扑向二柱，嘴里还说："我叫你坏，我叫你坏。"几个人闹成一团，二柱抵挡不住，起身逃跑，三人合起追击，笑声把他们的欢乐撒在旷野，在他们的记忆里留存很久，难以消失。

在农村，好玩的事儿真多。傍晚，暑气未消，知了不知疲倦地叫个不停。二柱约他们去捕知了。他先拿来一根长长的芦苇秆，然后把梢部折成一个三角形，再拿着竿子去找大的蜘蛛网，把三角形上都裹满了蜘蛛网。这是第一种方法，好是好，但伤害了蜘蛛。还有一种方法更好，只见二柱在嘴里放了一把小麦粒，拼命地嚼，嚼了好长时间，然后吐到手上搓，再放到水里洗，麦粒变成了面筋，二柱把面筋按到竿子顶部，就可以捕知了了。他们用二柱的方法真的捕到了好几只知了，然后把知了的大翅膀剪掉一半，放到蚊帐里，这样它想飞也飞不掉，几个人躺在帐子里欣赏着知了唱歌，知了却当了哑巴。张亚民疑惑地问："咦！它怎么不叫了呢？"二柱告诉他："它只有在树上才叫，被你吓得不敢吱声了。"几个人被他的话逗得开心地笑了。

张亚明兴奋地说："短短的三天农村生活，我们收获满满，体会到了在学校和在城里体会不到的乐趣。我们也体会到了农民的艰辛，会更加珍惜粮食，更加尊重他们。"

现在该"争当小好汉——我当两日兵"活动登场了。

驻地某部离学校大约15华里，同学们徒步走到了目的地，有人已经累得眼冒金星，两腿发颤。安顿好这群叽叽喳喳的小同学们的住宿，解放军叔叔带他们参观了军营，介绍部队的生活，然后每人发了一张计划表，告诉他们，这两天的体验生活就按此计划进行。

早晨6点，嘹亮的军号声响起，军人们一骨碌从床上爬起来，迅速穿好衣服去洗漱，整个洗漱时间只花了十分钟。

杨寅说："我们平时起床，习惯了被父母唤醒，总是慢腾腾的，就算起来了，也是睡眼惺忪，跌跌撞撞。但是那天我们像突然长大了似的，个个都把自己当作了军人，和解放军叔叔一起抢时间，争速度。尽管有的同学纽扣错位了，袜子穿反了，但大家还是受到了解放军叔叔的称赞。"

另一位参加过"我当两日兵"活动的林俊同学抢着介绍："说起叠被子，大家都觉得没什么大不了的，平时在家都是父母帮我们叠，有的同学虽然会叠被子，但是叠得很慢，鼓鼓囊囊的不好看。那天解放军叔叔教我们叠'豆腐块'，一边叠一边告诉我们方法：铺平，折三次，压棱角。我们拿被子跟着他们学，一遍不行，两遍，两遍不行，三遍……他们不厌其烦地教着，我们虚心地学着，就连带队的老师也悄悄地站在门口比画着呢！"

"集合站队也是这次同学们要体验的重点内容。军人们集合的速度非常惊人，真正做到了快静齐。"杨寅深有感触地说，"想想我们平时站队做操的速度和军人真没法比，有时出操音乐放完了，我们的队伍还没站好呢，直到老师来催了，甚至发火了，才能站好。"

林俊抢过话题，眉飞色舞地补充道："我们先观摩军人的表演。首先是队列队形的变化，那挺拔的军姿和整齐有力的动作，以及铿锵的口号都令人振奋，令人难忘。接着是过障碍训练，他们娴熟的动作，跳跃起来的身姿，我们只有惊呼的分儿，学是学不了的。最后是冲锋训练，只见战士们奋不顾身地向着前方高地冲去，震耳欲聋的呐喊声，仿佛真的把我们带到了战场上。突然前方出现了一堵墙，挡住了战士们的冲锋，战士们迅速搭起人梯，团结互助，一个一个越过了高高的墙。他们举起红旗，欢呼胜利。这时我们才清醒过来，都忘记了鼓掌。"

杨寅同学待林俊说完，就又抢过来说："休息时间到了，教官专门过来指导我们训练队列队形，我们哪吃过这样的苦？还没多长时间，我们就大汗淋漓，直喘粗气，到了中午吃饭的时候，拿筷子的手都发软了。"

林俊同学抓住他表演手软的姿势，插进来说："在我们看来，站岗是最简单的了，其实我们想错了。解放军叔叔告诉我们，站岗是最磨炼人意志的。无论刮风下雨、严寒酷暑，身体要始终保持挺拔的姿势，眼观六路、耳听八方，思维不能停滞，遇到紧急情况要迅速处置。更重要的是站岗的时间很长，要耐得住寂寞和孤独。我们听了介绍，都敬佩不已。我们每个人都尝试着站起了岗，为了不让我们感到枯燥，解放军叔叔还把自己假扮成敌人，教我们如何处置应急情况。我们在站岗，'敌人'来侵扰了。我们举枪喝问，同时立即向上级汇报。援兵赶到，'敌人'抱头鼠窜。有的战士假扮敌人被打得躺在地上嗷嗷直叫。教官一声"收兵"，大家哈哈大笑。夜晚，我们分小组和战士们一起轮流站岗，不过，我们站得时间短一些，半小时换一次岗。就算这样，也是挺累人的。最让人受不了的是蚊虫叮咬，但是大家没有一个人叫苦，都想抓住这次机会让自己得到充分锻炼。"

从他们抢着叙说故事和快乐的表情里可以看得出来，两天的军营生活体验，军人的果敢坚毅、顽强拼搏和不怕牺牲的精神深深地感染了他们。我想，这些精神或者说印象必将永久地植入他们的灵魂里，流淌在他们的血液中。

>>> 我给新旅的前辈写封信

新安小学少先队是传承新旅精神的主体，各中队都根据大队的安排举办过"争当小好汉——我与新旅爷爷奶奶比童年""给新旅爷爷奶奶写封信"等活动。少先队员们积极给新旅团员写信，向新旅的老革命们汇报自己的思想和学习情况，交流自己在学习和生活中遇到的困难和困惑，请前辈们指点迷津，争做新时代的小好汉。

新旅团员谷斯涌曾任《中国少年报》记者、编辑，《儿童文学》杂志编辑部副主任，中国少年儿童出版社编委，文学读物编辑室主任、编审，共青团第十一届中央候补委员，中国儿童文学研究会常务理事。他是著名的作家，著有《一部金色的童话：金近传》《第一个队礼》《共和国领袖和孩子们》等多部作品，童话《古怪老头》获1980年《少年文艺》好作品奖，评论《童话家的童话》获全国首届儿童文学优秀论文奖。他在新安小学文学爱好者心目中，有着崇高的地位。

新安小学2020届毕业生、现淮安区文通中学初一新生沙俊岐同学回忆起当年给谷爷爷写信的情景，仍然十分激动。他说："我上小学的时候怕写作文，每次老师布置作文题我就头痛，越是写不出来，就越是不喜欢写作，后来发展到不交作文的地步。老师就用新安旅行团的孩子9岁就写书的故事来鼓励我，并且告诉我他们挣来的稿费用于集体生活。我从看新旅故事开始，逐步爱上了阅读，经过一段时间的努力，我的作文水平有了提高，在老师的指导下，还发表了作品，真的挣来了第一笔稿费。从此我爱上了文学，学校提倡课外阅读，我们中队也开展阅读演讲活动，为了让自己的演讲有更多的素材，我向谷爷爷讨教了阅读和写作等问题，没想到，他真的给我回信了。"

沙俊岐同学：

你好！来信收悉。

"家书忽在眼，一纸值千金"，收到来信极为高兴，我亦有许多话想对你们说。时光流逝，白驹过隙，我现在也已变成耄耋老人，时至今日，参加新安旅行团的场景还依然历历在目。

能成为"新旅人"，是一件幸福、幸运的事。我人生的起点和转折是从加入新旅那一刻开始的，也是在那时，写作在我心中埋下了种子，逐步发芽，生长，越长越高，根扎进新旅的土壤、扎进现实越来越深。回想起新旅生涯，勇于担当、敢于实践、不怕困难、自强自立的新旅精神，至今深深影响着我。

关于信中涉及的阅读与写作，我想与你分享一下自己的切身感受。首先，阅读对我来说已经成为一种习惯，"一日不读，便觉思涩"，不知你是否有这种感觉？另一方面，对于好书、经典书目要经常读、反复读，正所谓"书读百遍，其义自见"，时间久了、读得多了，自然就会明白其中的道理。其次，关于写作，不应脱离实践、脱离群众，"读万卷书不如行万里路"说的就是这个道理，要学会善于观察、勤于思考、勇于实践。记日记，我觉得就是一个不错的方法，迄今为止，我依然坚持写日记的习惯，与我而言真是受益良多。以上探讨，不知能否为你解惑二三？

"宝剑锋从磨砺出，梅花香自苦寒来"。人生漫漫路，希望你能像新旅前辈们一样，不畏艰险、砥砺奋进，为祖国贡献自己的力量，将新旅精神传承光大！

祝健康成长，学业有成！

谷斯涌

2017 年 5 月 21 日

沙俊岐同学说："现在我已经离开了新安小学，但是与谷爷爷通信这件事，一直对我影响很深，他激励我像新旅前辈那样，克服学习上的一切困难，学好本领，做共产主义的接班人！"

钱凌白是在新旅中成长起来的核潜艇专家。他从苏联列宁格勒造船学院潜艇设计专业毕业，任职原七一九研究所，曾获得国家科学技术进步特等奖、船舶总公司的科学技术进步特等奖，并荣获船舶总公司二等功。

新安小学五（6）班中队长余果是科学迷，他有许多创意，自己的小发明、小创造在竞赛中获过奖。他是钱凌白爷爷的铁杆粉丝，产生给钱爷爷写信的念头时，还担心钱爷爷年纪大了，事情又多，怕打扰到爷爷。又过了一个学期，他终于忍不住了，还是给钱爷爷写信汇报了自己热爱科学争当新旅好后代的情况。

钱爷爷的回信称呼特别有意思，称他为"小友"。

余果小友：

你好！来信已收到，由于这段时间较忙，时至今日才与你回信，实感抱歉。

收到你的信件，我很高兴，为母校能培养出你们这样朝气蓬勃、具有远大抱负的新旅好后代而感到骄傲，看到你们就好像看到了祖国的未来，看到了中华民族伟大复兴提前到来的振奋人心时刻。

时至今日，我依然感恩在新安旅行团那段美好而又难忘的时光，是那段岁月磨炼了我，使我快速成长，坚定了自己的人生方向，立志为民族解放事业而不懈奋斗。在信中，你讲到特别喜欢学校开展的"科技节"，特别热爱科技制作，自己最大的梦想是成为一名科学家，并且已经尝试着做了许多小发明。听到这些，我真心为你感到高兴，我相信，你也一定可以成为一名出色的科学家！

一直以来，新安旅行团有着许多优良传统，在那个物质条件极度匮乏、兵荒马乱的年代，好多事情都是我们自己去创造，自己去实践。我想，追求真理、追求科学更应该如此。希望你能一如既往地保持对科学的热爱，好好学习，长大后投身祖国的科研事业，精忠报国，将来做一名对国家、对社会、对人民有用的栋梁之材！

下部　薪火相传

祝你快乐成长，学习进步，前程似锦！

钱凌白

2018 年 8 月 8 日

肖峰，1932 年 2 月出生于江都县。1943 年 8 月就读于抗日根据地江都简易师范，他的启蒙老师房玲调去新安旅行团了，肖峰才知道那里是一个更适合少年儿童成长的文艺团体。于是，他下定决心去新旅。

1944 年 3 月，经由二哥肖于举荐，12 岁的肖峰拿着县里的介绍信，从江都出发，经过一个个交通站的护送，遇到敌情一躲就是十天半个月，一路走走停停，到达盐阜区的老管村，找到了新安旅行团，此时已是秋天。

由于没带被子，第一天，他就跟当时的新旅团长左林同睡一个被窝。不料由于长途跋涉的疲劳，他夜里竟然尿床了，左林只好裹着军大衣睡在一旁。

肖峰一夜忐忑不安，第二天，左林看出肖峰的不安，反而安慰他说："你年纪小，偶尔尿床不奇怪，不要紧张，被子明天洗洗就好了。"他指着正在门外吹哨子的值日队长王德威的背影说，"他和你一样，也会夜里'画地图'（指尿床），不过他是我们新旅最有名的小画家，还是我们《儿童画报》的主编。今天你一来新旅就画了一幅'地图'，说不定你也和他一样，将来会成为画家！"

四十年后，肖峰与王德威分别担任了中国美院的正副院长，印证了左林的预言。

随后左林对肖峰说："我们这里冬季的被服已发过了，我看你还得回苏中去领。"

肖峰一听，大吃一惊，这岂不是不想要自己了吗，他含着眼泪说："我保证以后不尿床了，还不行吗？"

左林耐心地解释说："你是从苏中来的，那里属于粟裕司令的第一师管，我们这里是苏北，是黄克诚师长管的第三师，我们这里的冬季被服早就发完了。因此你必须回到苏中去领，我和你总不能拼着一条被子睡觉吧！所以你必须回去拿，这也是对你的一种考验。"

肖峰哭鼻子不肯走。左林派从江都简师宣传队来的房玲劝他说："昨天团里已对你进行了考察，经研究已同意你为实验团员了。"

肖峰立即破涕为笑，说："真的吗？"怕被骗，他又哭着说："我还是不信。"

房玲继续说："团领导说了，听你唱《红缨枪》《爸爸打东洋》，看你跳了《儿童抗敌舞》，最后你还说'欢迎新旅同志来一个！'并且表决心说：'参加新旅努力杀敌打日本，为牺牲的父亲报仇！'大家认为你非常勇敢、大方、有觉悟，可以留下培养。"

经自己的启蒙老师房玲这么一说，肖峰心里踏实了，高高兴兴地揣上一颗手榴弹当武器，独自回到苏中安丰。可惜二地委早已转移，他经过半月的寻找才找到他们。听说二哥肖于正在看押一名女嫌犯，不能与他会面，他从门缝中一看，那个女犯自己认识，原来是在江都打埋伏俘虏的一个伪军女医官，她隐瞒了身份，正和我军一个干部谈恋爱。肖峰向领导报告此事，说出了真相。二地委同志夸赞他人小立大功，报请惠浴宇专员特批一套被服，他顺利地回到了新旅。

新中国成立后，肖峰赴杭州国立艺专学习，后到苏联列宁格勒列宾美术学院攻读油画专业，回国后任浙江美术学院油画系教师、浙江省美术学院党委书记（院长）、浙江省美术家协会主席、中国美术家协会副主席。他获得过法国"对人类科学文化特殊贡献"勋章、俄罗斯"普希金文化勋章"，在俄罗斯圣彼得堡第八届国际艺术节上被授予"艺术大师"称号。

肖峰是新安小学爱好书画艺术同学的偶像。新安小学四（1）班的王梓萌同学喜欢书法艺术，在各级的书法比赛中获得过不少奖项，她对书法艺术钻研得越深就越困惑，艺术的本质到底是什么？这个问题深深地困扰着她，百思不得其解。她十分敬仰肖峰爷爷，在一次中队队会后，她受到启发，提笔给肖爷爷写了信。一个月后，她收到了肖峰爷爷的亲笔回信。"肖爷爷的字真漂亮啊！"她激动地捧着信。

王梓萌小朋友：

你好！你的来信我已收到。真为你感到骄傲，首先祝贺你在江苏省第十三届中小学书法比赛中荣获一等奖的好成绩，希望你继续努力，在艺术的道路上乘风破浪，取得更高的成就！

你在信中说，新安旅行团的光荣历程一直激励着你前进，新旅前辈身上自强不息、不畏困难的精神品质，永远是你学习的榜样。你能有这么深刻的理解，我很高兴。希望你能牢记新旅那段艰难困苦的岁月，珍惜现在来之不易的美好幸福生活，爱党、爱国、爱校，向身边英雄楷模学习，用实际行动把"新旅精神"传承下去。

你在信中问到"学习艺术的本质是什么？"这个问题也是我从艺几十年来一直思索的。首先，我觉得艺术学习要建立在兴趣的基础上，这一点你肯定毋庸置疑。其次，我认为学习艺术最终要能为国家服务、为社会服务、为人民服务，我想这才是学习艺术的本质。人活着总要做一些对国家、对民族、对家庭有意义的事，你觉得呢？

不知我的回答能不能为你廓清一丝困惑。最后，祝你学业有成，愿你像松柏一样坚定，像杨柳一样柔韧，像花朵一样绽放，很高兴与你交谈，期待与你见面！

肖峰

2019 年 12 月 21 日

新安小学本部大队辅导员陈燕燕说："我们学校的师生一直有跟新旅前辈通信的传统，在通信中增进了彼此的感情，有利于我们师生树立正确的人生观、价值观、世界观，激发他们向英雄学习的热情。孩子们以前辈回信为荣，以自己学习新旅，做新时代小好汉为荣。现如今，新旅的前辈或去世或已经步入高龄，已经无法通信交流。但我们依然鼓励少先队员给新旅先辈们写信，汇报自己的思想和学习情况。不过，只写不寄，在中队队会上大家交流学习。这样做的目的是让已经不在世的新旅先辈，永远活在我们少先队员的心中。"

>>> "红色印记"新旅文化节

新安旅行团的成员是一群学生，也是一群文艺工作者，他们以文化艺术的形式宣传抗日，成为少年儿童的楷模。新旅文化节借鉴新旅成功的育人方式，以创建英雄中队等思想教育工作为契机，使少先队员们了解新旅光荣历史，传承新旅文化，弘扬新旅精神，践行社会主义核心价值观，培养学生爱党、爱国、爱民的朴素情感，培养"会阅读、善思考、能自主、有担当"的新时期"小好汉"。

"红色印记"新旅文化节作为新安小学新旅节庆特色课程，目前已经举办了两届。第一届以传承新旅文化，弘扬新旅精神，践行生活教育思想为主题；第二届以弘扬新旅精神，做新时期"小好汉"为主题。每个年级都有丰富多彩的活动，少先队员们在活动中，受到了新旅精神的滋养。

2020 年 11 月 23 日上午，气温骤降，寒风彻骨，但是新安小学同学们的心中却燃烧着一团熊熊火焰。淮安市新安小学"红色印记"第二届新旅文化节，在孩子们的热烈期盼下，正式拉开了帷幕。

凛冽寒风中，同学们不畏严寒，精心表演音乐情景剧《一群小好汉》，将在场的所有人带进了那战火纷飞的年代，重温了那段惊心动魄的历史。

冯涛老师讲的新旅故事《讨饭也要宣传抗日》，让同学们更深切地体会到新旅小团员献身抗日救亡事业的崇高精神。

肖寿俊副校长为新旅文化节致开幕词。他说："新安旅行团就是我们心目中的英雄团体，每一个团员都是我们心目中的英雄。我们举办本次新旅文化节，就是要让这些英雄的事迹在同学们心中生根发芽，让这些英雄的精神在同学们心中长成参天大树，让越来越多的同学来学英雄、做英雄。"

在铿锵的音乐声中，王晓明校长宣布第二届新安小学"红色印记"新旅文化节隆重开幕。

全体同学在曹雪香老师的指挥下，齐唱《新安旅行团团歌》《新安进行曲》，用激情澎湃的歌声表达他们对新旅英雄的无比崇敬之情。

"红色印记"文化节全员参与，不同年级的同学有着不同的内容。接下来，让我们看一下各个年级的学生都在做什么。

一年级"学英雄"，新旅路线我了解。

通过参观新旅纪念馆，得到新旅的"风云五万里"的路线图，通过练习，能准确地在中国地图上画出新旅活动的路线，并能指出两到三个重要的城市。在规定时间内，画的路线准确、标出的城市最多者优胜。别看孩子们小，在老师的指导下，他们个个都很认真地标绘着。有位小朋友好奇地问："小孩子离开家，走那么远，爸爸妈妈为什么不一起去？"尽管他们还不能真正弄清楚新旅宣传抗日的重大意义，但可以肯定地说，从此他们的心中已经埋下了"新旅"的种子。

二年级"画英雄"，新旅事迹我来画。

小孩子最喜欢直观地表达自己所理解的世界，所以给二年级的任务是"画英雄"。"新旅事迹我来画"活动受到这个年龄层的小朋友们欢迎。各班精心制作以新旅团员事迹为主题的绘画作品，每班择优5份参评。评出一、二、三等奖，共计81名。余主任还把优秀作品做成电子相册在朋友圈转发，学生和家长喜欢得不行，也主动加入了传播接龙，让这件事在社会上传开了。

三年级"讲英雄"，新旅故事我来讲。

为了让同学们进一步了解新旅、传承新旅文化、弘扬新旅精神，三年级举行了"新旅故事我来讲"的讲故事比赛。为了遵守公平、公正的原则，三年级组邀请了德育处领导、家长代表、教师代表对选手进行打分。三年级14个班级前期共有60多名选手进行了班级预赛，其中26名同学进入决赛。新安小学三（9）班的咸丝予说："老师选我作为班级的代表去参加这次讲故事比赛，说实话，我打心眼里不想参加这次活动，因为要背稿子，准备的时间比较长。另外，自己舞台经验不足，所以担心比赛时会紧张、忘词。不过，老师既然把这个任务交给我了，我也只好硬着头皮，着手准备起来。我请妈妈帮我上网查找资料，找了很久，我才选定了一个关于人民教育家汪达之校长的故事——《喷香的嫩玉米》。我先把这个小故事读几遍，读熟后，又试着把它背下来。不知道背了多少次，我终于把这个故事背熟了。可妈妈又让我加动作，这下可把我难坏了。有时，我只顾讲故事，忘了动作；有时老想着加动作，故事讲得又不连贯了。就这样一句一句地训练，一个动作一个动作配合，几天后，我终于能绘声绘色地讲故事了。功夫不负有心人，比赛那天，当评委宣布我得了一等奖时，我的心里甭提有多美！手捧着这来之不易的奖状，我会心地笑了。通过参加这次新旅文化节讲故事比赛，我学会了迎难而上，学会了坚持不懈，学会了努力拼搏。更重要的启示是，《喷香的嫩玉米》这个故事中的汪达之校长，不拿老乡一针一线，严于律己，遵守规则，是我们学习的榜样。"

据老师讲，有一次咸丝予跟随班主任及同学走上街头，做创建文明城市文明宣传志愿者。当时正是酷暑，不到半个小时，他们已经汗流浃背。一家百货店的老板娘看他们满头大汗的样子，很是心疼，于是送他们每人一瓶矿泉水。咸丝予离开店铺时，悄悄地把钱压在了收银台名片盒的下面。她能做出这样的举动，都是受新旅精神滋养的结果。

四年级"演英雄"，新旅故事我来演。

从讲故事到演英雄，文艺形式也有大不同。四年级各班先在班级举行"新旅故事"我来演活动，然后择优一组选手一个剧目参加年级比赛。2020 年 12 月 16 日下午，淮安市新安小学四年级全体师生齐聚小好汉剧场，举行了"新旅故事我来演"比赛。活动中，同学们精心表演了一个个鲜活的故事，他们演的汉奸走狗惟妙惟肖，会场时不时传来阵阵掌声。通过本次活动，同学们更深切地体会到新旅小团员献身抗日救亡事业的崇高精神，并立志继续传承和发扬新旅英雄精神。

五年级"话英雄"，新旅主题队会。

五年级举行了"话英雄"新旅主题队会活动。各班在小好汉剧场举行了《我和新旅爷爷奶奶比童年》《新旅精神我传承》等班队会。活动中，各班通过唱新旅歌曲、讲新旅故事、了解新旅爷爷奶奶先进事迹等方式，激发了孩子们的爱国热情。在主题队会上，少先队员王宁哲饱含深情地讲述了新安旅行团团员曹维东"炸是我们的上课钟"

的故事。

六年级"寄英雄"，新旅书信我来写。

新旅的英雄们绝大多数已经不在人世，但是他们的精神不灭。六年级各班组织以"学新旅英雄事迹，走新旅英雄道路，做新旅英雄传人"为主题的书信征文比赛，每班选择 5 篇征文，参加学校组织的评比。最后，评选出了一、二、三等奖征文 38 篇。一等奖获得者，六（1）班的夏玲艳在信中写道：

尊敬的新旅英雄们：

你们好！

遥想 85 年前，有这样一个组织横空出世。成员们穿着一身单衣和一双草鞋，带着一把雨伞和简陋的行装，运用多种艺术形式，向人民宣传着中国共产党的抗日救国主张。你们跨过万里山河，将希望洒向华夏大地。你们以旅行实践着陶行知先生倡导的"生活即教育，社会即学校"的新教育理论。你们是"中国少年儿童的一面旗帜"。

……

最后，她深情地说：

感谢先辈们的努力拼搏，感谢英雄们的坚持不懈。因为有你们这样的英雄，才给我们这些后辈创造出幸福生活。以后的我，会继续加油，好好学习，弘扬新旅精神，光大民族文化。

在这次书信征文比赛中，同学们用自己深沉的爱，尽情地讴歌我们的新旅英雄们，感谢英雄们的奋斗，感谢英雄们的付出。

新旅文化节期间，学校里到处洋溢着传承新旅精神的气氛。以"学新旅，争当新时期小好汉"为主题的黑板报，列成矩阵，气势非凡，版式新颖，文字精美，图文并茂，吸引过往师生们驻足观展。

新旅手抄报参展作品，布置在要道口，不仅丰富了文化墙，还成为校园一道亮丽的风景线。

在文化节期间，课间、放学时段，一遍又一遍地播放新旅歌曲，那铿锵的歌声，战斗的豪情，进一步渲染新旅文化节氛围。

最隆重的要算是闭幕式了，新旅文化节优秀节目展演，在新安小学的小好汉剧场举行。孩子们非常期待，因为整台节目都是同学们自编、自导、自演的，有情景剧《抗日战争》《陶行知的故事》《智散传单》，《五十天的旅行》《新旅英雄——汪达之》《喷香的嫩玉米》等等。

在丰富多彩的节日里，同学们展示了才艺，享受了节日的欢乐，体验了节日的精彩，更重要的是如沐浴春风一般，接受了一次集中的新旅精神和爱国主义教育的洗礼。

下部　薪火相传

>>> 照亮孩子人生的烛光

在传承新旅精神，促进孩子们全面成长、健康发展的过程中，离不开新旅前辈的关怀，同样也离不开老师的关爱。在新安小学，老师关心学生的故事多得如天上的繁星。

"捧着一颗心来，不带半根草去。"是伟大的教育学家陶行知先生给他的弟子汪达之的题词，也是对所有教师的勉励。新安小学的教师们更换了一茬又一茬，但这句话却成了他们共同的座右铭。他们接过新旅的火炬，一代代地传过来，一个个地传下去，红红的火焰，照亮了孩子们的前程和祖国的未来。

新安小学的老师常蜀芹谦虚地说："我谈不上是火炬，充其量是一支蜡烛，我们的任务是燃烧自己，用烛光照亮孩子们的人生。"

常蜀芹是小学高级教师，工作27年来，一直从事小学数学教学，并担任班主任工作，她用爱心、责任心和恒心践行着陶行知先生倡导的"捧着一颗心来，不带半根草去"的奉献精神。常老师教过一个叫陈露露的孩子，单亲家庭，爸爸常年在外地打工，孩子和年迈的爷爷奶奶住在一起，性格孤僻，显得特别冷漠，不愿意和别人交往。常老师接手这个班后，对她倾注了特别的关爱，每天上课下课总是不时摸摸她的头来安慰和鼓励她。平时经常抽空找她谈心，帮助她建立自信。常老师还经常在家里做些好吃的带给她吃，帮她买书和笔，又在班级成立一个学习兴趣小组，选她做组长，让她逐步融入班集体中去。经过一段时间的努力，小露露变得爱说话了，爱笑了，愿意和其他孩子交流了，期末还被班级评为"五星学生"，最后以优异成绩考上初中。奶奶逢人就说："我们露露遇到一位好的班主任，常老师就是孩子的妈妈，有时候妈妈没有做到的，她都做到了。"如今，陈露露离开了新小，但常老师依然关心着她，经常询问她的生活和学习情况，而陈露露每次考完试，总是在第一时间就向老师传来捷报！

有一天放学了，有个同学来报告，说他的同桌因为语文考试不及格，语文老师请家长第二天来校交流，他爸爸脾气特别暴躁，回去必然是一顿好打，他打算今晚上不回家了。常老师立即骑着自行车追出去找到孩子，和他谈心，待孩子情绪稳定下来，护送他回家，又和孩子的父亲谈了很长时间。孩子父亲终于认识到自己的错误，并保证以后不会因为这个事再打孩子，她才放心离开。这时候已经是晚上九点多了。这个同学目送她顶着月光走在回家路上的背影，觉得她就是月光下的女神。

通过这样一件件的"小事"，常老师成了家长和学生最信赖的益友。她个人荣获淮安市"优秀班主任"、淮安市"优秀少先队辅导员"等荣誉称号，所带班级曾获得市"周恩来班"，校"新旅班""明星班"等光荣称号。

陈蓉是小学高级教师，淮安区小学语文骨干教师，当了20多年班主任的她说："我最大的体会是'爱可以改变一切'。记得前几年执教的五（12）班中有一个小男孩，长得高高瘦瘦白白净净，常犯错误却从不认错，是个十足的让人头痛的问题学生，让人无可奈何。后来，我尝试着用欣赏的目光去关注他，渐渐地发现，他完成作业速度很快，字也写得很工整，上课时思维比较活跃等等，我就及时表扬。下课时，他喜欢打乒乓球，我就陪他打乒乓球；他喜欢跳绳，我就陪他跳绳……一段时间过后，他脸上的漠然慢慢隐去了，我为他的改变而高兴。直到有一天，他又犯错误了，我陪着他在操场散步，对他说，你在老师眼中就是一块未经雕琢的璞玉，总有你发出光彩的那一刻。其实老师知道，你也不想犯错误，只是有时控制不住自己，对吗？不过老师相信，你一定会努力地改变自己。一阵沉默之后，他红着眼睛对我说，'老师，我知道错了！'第一次听到他认错，我内心激动无比。虽然在以后的日子里他还犯错误，但是次数明显减少了，最重要的是他敢于承认和面对自己所犯的错误。后来，他也在艰难的蜕变中，变成了一个好孩子。通过这个学生，我真正地懂得了这句话：教育的本质是心灵的教育，没有爱，就没有教育。"

法国作家雨果曾说过："花的事业是尊贵的，果实的事业是甜美的，让我们做叶的事业吧，因为叶的事业是平凡而谦逊的。"除了常蜀芹、陈蓉，新安小学还有成金、欧丽丽等一大批优秀的班主任，他们"朴实无华自风流，心底无私天地宽"，把知识教给学生，把精彩留给学生，把掌声送给学生，把期望带给学生，撑起了孩子们成长的天空。

"在我们成长之路上，总有一些人为我们点燃一盏灯，为我们驱走黑暗，照亮漫漫长路，温暖了彼此的心房。"新安小学河西分校的宋正丽老师也讲了一个关于陪伴的故事。

　　小凡的母亲离家出走后，父亲也长年不归家，杳无音信，她一直与爷爷奶奶生活在一起，缺少父母的关爱，家庭生活的困窘，使得孩子性格很孤僻。我问孩子最大的愿望是什么？她说："我，我，我想和其他小朋友一样，跟爸爸妈妈一起生活。"话音刚落，孩子就泪流满面，泣不成声了……听了这话，我流下了心疼的泪水，紧紧地搂着小凡说："以后我不仅是你的老师，还是你的妈妈，我愿意陪你共同成长。"让人可怜的孩子在我心里时时牵挂着，为了让孩子更健康地成长，那段日子里，下班后我会第一时间到小凡家里，辅导她写作业，陪伴她一起阅读。除此之外，我告诉她爷爷奶奶的辛苦与不易，让孩子理解关心爷爷奶奶，指导她帮忙家里做些力所能及的家务活。一段时间后，听爷爷奶奶说，经过老师的陪伴、沟通和交流，孩子现在变化可大了，变得懂事了，经常帮着做家务，性格开朗了，不像以前放假就一直待在家里看电视，现在也愿意和小朋友一起玩耍，学习自觉性高了，不要人烦神，成绩进步很大。听到小孩爷爷奶奶这样说，顿时满满的幸福感便洋溢在我心头，孩子现在经常和我滔滔不绝地交谈，谈在家帮爷爷奶奶做了哪些事，今天遇到哪些开心的和不开心的事，和好朋友相处学到了什么，今天帮助了谁，在学习上遇到了哪些困难，以及取得的进步，以后还会争取更好。我对小凡说："你是好样的，你是最棒的！我相信你孩子，我为你加油！"一次家访，小凡像往常一样送我到门口，只见她一动不动地站在那儿，流着眼泪说："感谢您，老师，您每天那么辛苦！下班还来陪我。"听到这句话，让我好感动，好温暖！我激动地站在那里愣了好一会儿，情不自禁地流下了幸福的泪水。我知道自己的陪伴与努力没有白费，爱是心灵沟通的桥梁，这座桥梁让我们彼此信赖。

我相信，所有的老师都有过对一些特别学生无从下手的经历。然而，世间总是办法比困难多，就看你有没有用心去发现、去探索、去寻找到那把打开锁的专用钥匙。蔡中芹分享的故事，让我看到了一位师者的善心。

张月是刚刚入学的一年级新生，胖乎乎的，是个可爱的小女孩，原本以为这样的孩子很乖巧，学习应该不费劲，可是几节课下来，她的表现完全出乎意料。上课时她会东张西望，或是玩自己的文具盒和铅笔，不管怎么提醒，眼睛基本上都不看黑板，作业也经常不写、不交。第一天教的拼音，晚上回家也不练习，第二天一检查，一个也不会。这种情形让我着急，课间找她到办公室，手把手地教她读拼音，结果这孩子愣是一声不吭。一旦我追问得紧了，语气稍微严厉一点，就只管掉眼泪。开始学的拼音很重要，如果掌握不好，会影响后面的学习，怎么办呢？

与小朋友们的接触，让我明白：不能以一个成人的标准去要求孩子。我静下心细细观察，什么时候这个孩子会说话，哪些事她能做得好，也许从这里能打开改变她的窗口。周五大扫除，她神采飞扬地拎着小桶，打满水，擦桌子，擦地，干得特别起劲，还会帮助其他小朋友打扫卫生，哪怕是忙得头上汗涔涔的，也没有休息过，红扑扑的小脸特别光彩。当班主任表扬她劳动积极、认真时，她一脸自豪，尤其是给她贴上代表奖励的小星星时，更是宝贝得不得了，总是用手按一按，生怕小星星掉了。

我想，我找到教育这个孩子的方法了。

我把小张月叫到办公室，让她把刚教过的拼音读给我听，她搓着自己的小手，低着头，又是一言不发。这一次，我不再着急吼叫了。我从抽屉里拿出一张星星贴纸，笑眯眯地对她说："张月，你要是开口读出来，老师就奖励给你一颗星星贴纸；如果能把老师教的都读会了，就让你挑一个自己喜欢的颜色！"

我的话音刚落，小姑娘唰的一下抬起了头，没精打采的眼里突然闪出了光，说："真的吗，老师？"

"当然是真的！"不用我再说话，小姑娘指着拼音一个一个读起来，尽管有的部分读错了，但在我的纠正下，也都读对了。最后小姑娘高高兴兴地挑了一颗自己喜欢的小星星，立马就贴在了自己的脑门上，一脸得意。

我趁热打铁，又从抽屉里拿出一张漂亮的彩色折纸，诱惑小张月："这个漂亮吗？想不想要？"

"想！"小张月紧紧盯着我手里的彩纸。在她渴望的眼神里，我知道机会来了，说："只要你课堂上能专心听讲，举手发言，老师就把它送给你！就看你能不能做到了哟！"

小姑娘突然犹豫了，她纠结了片刻，到底敌不过彩纸的诱惑，用力地点了点头："我能做到！"

"好孩子，老师相信你！老师等着你来拿奖品！"我高兴地摸了摸她的头，她不好意思地抿着嘴笑了。

果然，第二天的课堂上，小张月的小身板坐得很端正，小手规规矩矩地放在桌面上，小眼睛也敢和我对视了，在我鼓励的目光下，她勇敢地举了一次手，回答对了一个问题。课后，我兑现承诺，把那张彩色纸送给了她。小张月非常高兴，我又趁机夸奖了她几句，鼓励她继续好好表现，一周后老师会有一个神秘的奖励送给她。

尽管后来有时她不能控制自己，还会玩铅笔，但与开学初比起来，已经有了很大的变化，我最高兴的是有进步就是好事情！我相信，小张月会越来越好的！

　　比张月更难的是那些身患残疾的孩子。他们往往自卑，少言寡语，不合群，没有朋友，成绩差。如何让阳光照进他们的心里，让他们与健全的孩子同样快乐地成长，是给老师的一道命题。尹晓花老师用自己的行动，作了完美的回答。

　　去年暑假新生面试的时候，有个走路一颠一跛的女孩引起了尹老师的注意。据她妈妈讲，孩子早产，出生时才三斤多重，在保温箱里度过了一段时间。入学报到之后，尹老师发现这小丫头总是默默地坐在座位上，上课的时候不讲话，不做小动作，从来没见她主动举手发言。她的视线一遇到老师的目光就下意识地回避开去，有时课堂学习到有意思的地方，孩子们一片欢声笑语，也不见她的笑脸，她只是很乖巧地坐在那里。另外，她的作业书写马虎得让人不能入目。

　　"我把她带到办公室，伸手把她朝跟前拉了拉，要求她盯着我的眼睛看。"尹老师一边说，一边做着动作，"你妈妈每天捡破烂，让你上学，容易吗？孩子，你现在这个样子，将来能干什么？你只有现在好好学习，读好书，写好字，在学习上走得长久些，走得远点，将来才会生活得好一点……见她嘴角撇着，眼睛里有了眼泪，我拿过自己的教本，把当天学过的字一个一个又指导了一遍，留她在办公室桌上写完最后一个字，虽然作业不那么美观，但看上去明显工整了些。因为残疾，她不能参加课间跑操，我就利用这个时间指导她写字，一段日子后，她的字也写得越来越顺眼了。有一天，我为她的作业打了一个大大的'优'，指着红艳艳的'优'字对她说，你瞧，认真写字，总会写好字的，你今天的作业多棒呀！我为你高兴！她嘴角一咧，笑了，有点腼腆，那像花一样的笑脸，揉碎了我的心，也印在了我的心里。从那以后，大课间她积极主动地在我身边写字、读书。现在上课的时候，也能看到她举手了，虽然次数不多，有点怯怯的，试探性的，但这也是前进了一大步呀！有时课间，她也会主动跟我说些话，说些孩子想跟大人说的话，说些孩子想跟老师说的话，虽然都是无关紧要的话，但我心甚慰，我喜欢听她跟我说话。我相信，阳光已经照进了她的心里。"

陶行知说过："人像树木一样，要使他们尽量长上去，不能勉强都长得一样高，应当是立脚点上求平等，于出头处谋自由。"世界上没有才能的人是没有的，问题在于教育者要去发现每一位学生的禀赋、兴趣、爱好和特长，为他们的表现和发展提供充分的条件和正确引导，这就是我们常说的因材施教。然而在现实中，这又通常难以做到。丁宏刚老师认为，兴趣和希望是一个孩子走向成功的台阶，关键的时候需要指引学生走好人生路。

班上有一位学生叫小成，三年级上学期的时候，由于语数英三门功课难度加大，他逐渐对学习失去了兴趣，成绩大幅度下降。屋漏偏逢连夜雨，就在这关键时刻，他的家里也发生了重大变故。妈妈在瞒着爸爸的情况下，帮助他舅舅偿还了 40 万债务，导致夫妻关系恶化，妈妈被撵出了家门。这件事对小成产生了重大影响，每天老师布置的基本学习任务都不能完成，成绩更是一落千丈。老师们督促他学习，试着帮他补习，都没有效果。寒假的时候，丁老师到他的家中，和他的爷爷作了交流，决定从他擅长打乒乓球的爱好入手，提高他的学习兴趣。丁老师对他说："你的体育能力很强，你如果能把基本的学习任务完成，将来考个体校，做一个运动员，也会有很好的出路。你看，我们学校教体育的朱老师和张老师，都是专业的乒乓球运动员，退役后到我们学校工作，不是很好吗？你以后也可以做一名老师。听了这话的小成突然抬起头，眼神不再像以前那么迷茫，闪出了一丝光亮。"丁老师知道，小成把他的话听进去了。

从那以后，小成就像换了一个人似的，他上课开始主动举手发言，下课能做到不懂就问，每天都能按时完成作业。为了提高他的学习积极性，有时丁老师还让他走上讲台做"小先生"，带领大家认读生字。从小成的言谈举止中可以肯定，他已经对自己的未来充满了信心。

有一位作家曾经说过："尊严是一个人生命中最重的精神支柱，一个从小失去尊严的孩子，长大后很难堂堂正正地做人，很难拥有健全的人格。"

"做教师的，应当时刻注意维护学生的尊严，不到情非得已，不在公众场合点名批评学生。你尽可能在仅有你和他两个人的时候，把他骂醒。那样，他不会恨你，因为你维护了他的尊严。千万不要为了一点小小的错误而剥夺了孩子最宝贵的东西，在他年幼的心灵上投下阴影。"说这话的是新安小学的老师刘园，这也是他给孩子尊严的体会。

开学才两周，班里时不时地有小朋友向刘老师反映，丢了一元或两元钱，因为数目不大，他也只是让小朋友再仔细找找，也没当回事。令他震惊的是，双休日，刘老师收到了班里一个同学家长发来的信息，说他家的孩子今日少了老师找给他的 50 元钱，望查查。刘老师这下惊呆了，怎样会发生这种事？

刘老师想到了一招，星期一上课时说："上周五，我在找零钱的时候，我们班有一位小朋友捡到了 50 元钱交给了我，由于老师忙着去政治学习，竟然把这事给忘了，此刻我替这位小朋友问问，是我们班谁丢的？请到老师这儿来领取。"

话音刚落，那位少找钱的小朋友立刻站起来说，是他掉的钱，并高高兴兴地从刘老师手中接过那张 50 元的钞票。其实那是刘老师自己的钱，这孩子问："老师，是谁捡到的，我想感谢他！"

机会来了。刘老师假装想了想，大声问所有的孩子："你们想知道是谁吗？"

小朋友异口同声地说："想。"

刘老师又装作很为难的样子说："可是，那位捡到钱的小朋友想做个小雷锋，不让我告诉大家，老师已经答应他的请求了，人讲诚信，所以我只能遵循我的诺言，为他守口如瓶。请为我们班有这样一位品行优秀的好学生鼓掌！"

霎时，教室里响起雷鸣般的掌声。

当掌声渐渐平息后，刘老师清了清嗓子说："同学们的掌声，给了那位小朋友莫大的肯定，此时此刻，那位捡到钱的小朋友肯定也有很多话想告诉老师，无论你什么时候想和老师交流你的感受，我随时欢迎，并继续遵守我们的约定，不告诉任何人。"

就这样，同学们似乎也没太在意这件事，更不会知晓刘老师的煞费苦心，时间在等待中慢慢过去，正当刘老师不再抱任何期望的时候，奇迹竟然出现了。下午，班里有个成绩十分优秀的同学，居然主动来向刘老师坦白了事情的原委。

原来，他的家庭经济困难，看到同学包里的 50 元钱就起了贪心。那天，刘老师特地留下和他谈心，狠狠地批评教育了他，整个过程仅有他们两个人。

下部　薪火相传

205

刘老师问："你为什么会承认？"

他说："是老师给我留了面子。"

这位同学深刻地认识了自己的错误行为，流下了悔恨的泪水，对刘老师又多了一份信任。后来，他真的再也没犯这种错误，变成了一个诚实进取的好孩子。

激励是老师教育孩子的常用手段，往往比较灵验。然而张东云老师发给小伟同学的"喜报"，却被他当众给撕毁了。

张老师把这位同学请到了办公室，他嘴里嘀咕着说："我不想要喜报！"

"为什么不想要呢？我想听听你的理由！"

"反正我不想要，同学们都说我，"他振振有词地说，"说我才考53分，没有资格拿喜报！拿了，回家也是挨一顿打！"

小伟第一单元测试得了30分，这次测试得了53分，有明显的进步，就应该拿进步奖的喜报。在与小伟的进一步交谈中，张老师终于找到了答案，原来在小伟的内心深处，考不到60分就意味着是失败者；在他的父母看来，考不到及格分数就是不认真学习，就该挨打；在同学看来，没有比自己考得高的同学就不能拿喜报。正因为这些因素，学习明明进步了的小伟却认为这张喜报不该拿，便有了撕毁喜报的行为。

张老师没有批评小伟，而是在下午的活动课上，让学生讨论谁该拿喜报。同学们各自发表了看法后，张老师问："小伟这次测试该不该拿喜报？"

"该！"大家异口同声地说。

在大家的掌声中，小伟自信地从张老师手中接过补发给他的喜报。

张东云老师深有体会地说："在学习过程中，学生需要教师耐心、积极地引导。正确地评价有利于激励学生的学习，评价学生学习不仅要关注学习的结果，更应关注他们在学习活动中所表现出来的情感与态度，帮助他们认识自我，建立信心。"

新安小学的老师是在新旅精神凝聚下的光荣团体，他们的感人故事、先进的育人事迹，请原谅我无法一一枚举。最后我要讲一讲陈小红老师的故事，因为她给我印象特别深刻。

陈老师曾接手一个刚被打散的五年级。当时她说了，无论好生差生，在她这里一切归零，然后让学生将自己以前班级里一些好的举措，或者有什么好的建议，写在纸上告诉她。其中有一位叫马龙的学生，作业从来不做，三门平均分为30分。他在字条上写的是：你应该能教好我吧！

经了解得知，马龙的父母常年在外，他和奶奶、弟弟生活在一起，缺少爱，比较懒散，学习没人督促。从这张纸条上，陈小红看出了这是马龙同学想进步的表现。陈老师抓住这个机会，在班上对他进行了表扬，之后陈老师主动关心他，只要他稍有进步，就进行充分表扬。他的自信一点一点地增加，学习也一点一点地进步。教师节，陈老师收到前一年教的学生送的节日礼物——一个用包装纸精心打包的礼品盒，打开后发现里面装着一个桃子、两个李子。她把桃李送给了班级学习最差的三个学生，其中就有马龙，并且告诉他们，你们都是老师的桃李，相信你们每一个都能长得如此丰硕。三个孩子备受鼓舞，陈老师在马龙那坚定的眼神中，看出他一定是暗自下了决心。后来，他听课认真，总能积极参与课堂发言。在一次次的鼓励中，在一次次的肯定中，他学习越来越有劲头。最好的一次语文考了88分，平均成绩也在 70 分以上。"孩子有了学习的动力，有了重塑自己的可能，一定会变得越来越棒的。"陈小红深有体会地说。

而让我感到陈小红老师特别的地方，并不是能不能教好马龙这样的后进生，而是她的"完美的学生"列传，其细致的描写，出色而流畅的文笔，在朋友圈里引起了广泛的反响。

已经离开新安小学去读初中的周翰卿说："下午，妈妈坐在客厅的沙发上看电视，突然咯咯笑个不停，我诧异地走过去，问她笑什么。她一边捂着嘴，一边把手机交给我，说自己看。我以为是什么幽默的视频，静静坐下来看了一会，哪知自己也不经意笑了起来。原来是我小学六年级班主任陈老师写我和小学女同桌的一篇文章，语言幽默风趣，把我和女同桌发生的故事写得仿佛就发生在昨天。没想到时隔一年，陈老师居然还记得我，所以我的笑容里带着些许幸福和得意。"

那就让我们一起来阅读陈小红老师的这篇文章吧！

我的完美学生（其一）

每年都会碰到一些特别优秀的学生，今年也不例外。没有最好，只有更好。

她，同事的女儿，一个集努力、扎实、才华、智慧、灵性于一身的女孩。她学习习惯好，无论何时，无论何地，总是那么专注，书写总是那么认真，一丝不苟。这是一般优秀学生的特质，可她不仅于此，自己做事追求完美，对于看重的朋友，也希望他很完美。

这时，该他出场了，一个有着帅气的外表，唱歌、萨克斯都非常棒的，关键是成绩好，还那么有拼搏精神，不服输的大男孩，唯一缺点，有点高傲自大。关键人家有这个资本，哈哈。

这两个碰到一起会发生什么？别瞎想了，总是有矛盾。让两个优秀的人坐在一起，我本想让他们互相学习，互相提高，结果他俩三天两头吵架。终于有一天，她受不了，告到我那里，要求换座位，我很纳闷。哦，原来是因为一开始对他印象特别好，可是坐到一起后，却发现他身上有不少小毛病，其中自大、瞧不起人的小毛病，是她最受不了的。她也试图去帮助他，告诉他这样不好，教他应该怎样去做。可是他不愿意啊，他不愿意受人摆布，这样一来二去就难免会有矛盾，一个想帮助他改变，一个自己不愿意改变。

我告诉她，老师知道你希望把他塑造成一个完美的人，和你心目中起初的那个印象一样，可是他却有许多小毛病，甚至是不小的毛病。改变是有过程的，他长期养成的习惯，不是一朝一夕就能改变的，你要给他时间，而且方法也很重要，我们要学会解决问题，而不是逃避问题。她欣然点头，很满意地说了声，谢谢老师。我会心一笑，善良而追求完美的孩子。后来，她写了一篇作文，写了关于他身上很多闪光的地方，希望他成为她学习的大哥哥。

从这以后，他们关系有所缓和，可是时间不长，矛盾再次升级。他的毛病越来越让人受不了，她再次把他写进了作文，指出了他身上的许多问题，把他描述得犹如恶魔一般。在班里交流时，有的同学笑了，我问他有何感受。他正视自己，承认自己的问题，还特别感谢她，能够直接说出自己的问题的人，才是真朋友，感谢她的关注和帮助，说得很真诚。此时，我也推波助澜地教育他们，每个人都有缺点和不足，只要我们正确对待并积极改善，就会更加的优秀和完美。

后来他真的改变很大，能够注意自己的言行和对待大家的态度、方式，但是自恋还是有的。时间过了很久，一天我接到他妈妈的电话，让我找她谈一谈，原来她为了继续改造他，加了他爸爸的微信，后来又打电话给他妈妈。他妈妈说，小女孩说得很诚恳，而且特别会说话。说他身上有许许多多的优点，在她心目中是一个完美大哥的形象，就是有一点小缺点，希望阿姨能帮他。说得情真意切，让他妈妈也很感动，只怪自家的儿子不听话，作为家长，六年级关键时刻，不希望这些影响到现在的学习状态，请我帮忙。我很能理解她，可能也是实在没有办法了，寻找他父母的帮助，这样的一个女孩真是有心了。

到了学校后，我把她叫来谈心，我没有告诉她他妈妈的事。我问她，最近他的变化，她叹了一口气。我给她分析：老师特别能理解你，希望他更加完美，可是有时候是不是我们对他要求太高，或者高估了他这个人，其实他并没有我们想象中那么优秀、那么完美。哪怕是差的同学，试着降低要求，或许你会发现，他没有你想象中那么差劲。其实同桌的他特别好面子，心里早就知道了，可嘴上就是不承认。随即我拿出他写的一篇文章——《感谢有你》。改变一个人不容易，有时改变别人的同时，自己也在改变，要学会接受不完美，其实说到底，太完美也是一种遗憾。她似乎明白了，自己也不用那么累，当自己不再过多地关注这些事的时候，你会发现，远比自己想象好得多。

我也找他谈话了，肯定他身上进步的地方，但还是有提升的空间，让他继续努力。

后来我没再听说他们的矛盾，因为，他们把精力都放在了学习上。他们成了学习上的合作伙伴，也是竞争对手，最后两人都被外国语名校班录取，并且都在分班考试中成绩斐然，有这样完美的学生和背后的故事，让六年级学习生活多了一抹色彩，更是一段美好的回忆，珍惜曾经，珍惜拥有。

感谢有你——我的完美学生。

周翰卿眼圈有点红，说话时已经落泪了。"小学与我针锋相对的'小冤家'，到了初中还和我一个班，我们长大了，不再互相争斗了，而是互相帮助，努力学习，不辜负自己和老师。由此看来，这又何尝不是一种青春转折点的成长呢！理解他人、包容他人，将个人的得失看得不再那么重要，那么一切也就淡然了。感谢我的母校新安小学，感谢在小学里邂逅那么多包容、帮助我的人，感谢我的班主任陈老师，更感谢陈老师为我特意写的这篇文章，因为长这么大第一次有老师把我写进了文章里。"

陈小红还写下了《我的完美学生》其二、其三、其四……每一篇都让人感觉真的很完美，甚至想，当她的学生真好！

2021 年 6 月 29 日第一稿

2021 年 7 月 19 日第二稿

2021 年 7 月 26 日第三稿

2021 年 11 月 21 日第四稿

2022 年 1 月 10 日第五稿

>>> 参阅书目

[1] 中国革命博物馆. 民族小号手 [M]. 北京：春秋出版社，1989：49-53，231-234.

[2] 孙祥沛，陈建山，徐勤政，张志建. 新安旅行团的故事 [M]. 北京：北京师范大学出版社，1987：70-74.

[3] 新安小学. 我在新安旅行团 [M]. 南京：南京出版社，1992：28-29.

[4] 吕星斗. 烽火奇旅 [M]. 北京：中国文联出版社.

[5] 张牧. 忆新安旅行团 [M]. 北京：中共中央国家机关工委宣传部，1995：114-119.

[6] 周志平. 新安旅行团史 [M]. 重庆：西南师范大学出版社，2021：167-171.

中国少年「新旅」路

>>> **附　录**

新安旅行团各时期团员名单 [*]

一、从淮安出发时的团员（1935 年 10 月 10 日）

顾问团员：汪达之

左　林	白日希（杨永鑫）	刘昭朗　朱金山
纪　宇（嵇　钰）	张　早（张俊鑫）	张　牧（张敬茂）
张　明（靖秉铨）	张翼天（张俊卿）	白日希（杨永鑫）
凌则之（程昌林）	徐之光（徐志贯）	曹维东
曾　里（曾兆寿）	靖秉铎	

二、在国民党统治区工作时参加新旅的团员（1936 年—1940 年）

王　山（王德乾）	王德威	王德银
方南君	方　强（方崑仙，女）	
孔　方（孔繁玉）	尹卜甄（女）	孙慰君（女）

————————

*此名单由新安小学提供。

任　干　　　　　任先哲（任劳，女）刘　杰

刘式均　　　　　许爱丽（女）　　　许醒亚（女）

阮　力（袁立，女）关　建（女）　　　吕　武（女）

牟永春　　　　　羽　扬（余允绍）　李心行（李　广）

李少清　　　　　李勋南（李　楠）　华世贞（女）

苏纯俊（张仁）　何　仁（何鼎勋）　何　为（郑康源）

吴淑静（女）　　杨　匀（杨开云，女）

邹慧珍（女）　　汪季昆（女）　　　汪锡杰

张　平（张承训）张　权（张承模）张　拓（张均六）

张　泉（张庆荃，女）张　渔（张衡七）张　翘

张　杰（张根生）张天虹（女）　　　张光琪（女）

张若曼（女）　　陈　伟（女）　　　陈　明（女）

陈　强　　　　　陈一华　　　　　陆　红（陆倩，女）

范　政（李万万）范汉生（范敏言）易　行

金毓堃　　　　　岳荣烈（女）　　　周令沂

周令辉（女）　　罗　络　　　　　赵文和

郝　杰　　　　　郝　侠　　　　　品　文

徐　光（徐恩赐）徐　均　　　　　徐　炜（女）

徐　莎（徐莎伯，女）徐如年　　　　徐畹华（女）

郭　华（郭贵华）郭立范（女）　　郭在德（郭立群，女）

夏咨彬　　　　　聂大朋（聂志孔）聂向孔

聂启坤（聂惠孔，女）唐友华（女）　唐振元

康燕芬（女）　　殷　实　　　　　黄　明（黄健芬，女）

黄中一（黄志义）黄叔宽　　　　　屠　明（屠传酞）

童　常（史青山）	曹国果	韩　枫
蒋先基	程　刚（程仁强）	程　远
曾　超（女）	路　里	蔡文彦
裴未如（女）	谢　坤（陈一坤）	
褚　群（楚群、褚继群，女）		臧益敏
臧婉敏（女）		

三、在苏北根据地工作时参加新旅的团员（1941年—1946年）

丁　一	丁仁贵	二　林（女）
于学文	陈大林（大林，女）	王　纳
王云飞（女）	王兰芳	王庆汉
王亚明	王建民	王家明
王晓云	王振林	韦　杰
韦　俊	孔　渔（孔繁星）	车　仪
毛国强	毛奇峰（毛奇美）	田　川
田　明	田　毅	白　洁（女）
孙　敏（女）	孙中笑	孙重亚
冯　皓（冯叔昭）	冯　曙（女）	刘　亚
刘　泉	刘振玉（海明，女）	刘海峻
刘德明	朱　郝	朱　涵
朱　翔（朱广德）	朱仁安	吕　波
吕　斌（吕华山）	吕恩涛	吕鸿德
同　仇（孙同仇）	同　豫（孙同豫）	李　乙
李　伟	李　斌	李　曾（女）

李　强　　　　　　　李　群（张丽群，女）

李仲林　　　　　　　李连新　　　　　　李洪生

李霁南（厉亚平，女）李晓林　　　　　　李恩球

李康中　　　　　　　江东流（江　虎）　吉　萍

伊　伦（尹　敦）　　沙　汀（女）　　　苏　军

杨建东　　　　　　　肖　炎　　　　　　肖　峰

吴连丰　　　　　　　吴联英（女）　　　佐　牧（郑布舜）

汪　琦　　　　　　　张　民（女）　　　张　华（张光发）

张　旭　　　　　　　张　岚（女）　　　张　依（女）

张　野　　　　　　　文　骅（张绍岳）　张永琴

张其玉　　　　　　　张道亚　　　　　　张耀才

陈　其（曹怀杰）　　陈　捷（女）　　　陈一萍（女）

陈士修（女）　　　　陈元桂　　　　　　陈必林

陈冬志　　　　　　　陈兆清　　　　　　陈发芝

陈同芝　　　　　　　陈学诗　　　　　　陈腹英（女）

陈德荣　　　　　　　余龙跃（余志渊）　陆得荣

严　忠（沈惠明）　　杜　果　　　　　　辛德义

周　全　　　　　　　周希泉（女）　　　周梦雷（女）

周新潮　　　　　　　郑　洪　　　　　　郑国芳

郑益之　　　　　　　茆　芊　　　　　　茆　荃

房　玲（女）　　　　孟　文（女）　　　孟　军

林　欣（吴国英，女）林　枫　　　　　　林文谦

林铭纲　　　　　　　宗　柏（宋忠柏）　竺　平（赵　伟，女）

单增辉　　　　　　　赵文海　　　　　　赵亨艺

赵宝生	赵景昂	柳新生
柳新民	姚仁远	姚富春
姚锡华	珊　宝（女）	徐　健
耿　政	耿庆玲（女）	耿精忠
郭瑞田	秦　尖	秦守文（女）
秦守荣（女）	唐　明	唐　炯
索　菲（朱索菲，女）	顾乃锦（顾乃瑾，女）	
晓　红（女）	钱凌白	陶　影（陶明贤，女）
殷习勤	殷庸言	黄天明
黄锦生	曹　汉	曹砚田
晨　钟（沈成忠）	崔士臣	崔海波
章　枚	程　云（程启秀）	舒　巧（舒翘，女）
曾　正	葛　林（女）	葛　超
董守文（董　道）	彭　彬	温　琦（温凤英，女）
深　男（左文，女）	谢克林	韩　霖（女）
嵇　球	蔡　孟	蔡　均（蔡兴宜，女）
肇　文（女）	滕　佩	薛家安
黎　明（女）	戴　燕（女）	戴绮燕（女）

四、在解放战争中转战山东、河北、江苏工作时参加新旅的团员
（1947年—1949年春）

于振华	马　戈（马世昌）	王里沙
王树元	田　稼	叶　丹
叶志强	司宏钟	玄　英

孙肖平（孙清月）　　孙泮楼　　　　　刘静英（女）

朱守义　　　　　　　朱佩清（女）　　吕　仲

牟　英　　　　　　　李　静（胜　利，女）

李松桂　　　　　　　李家振　　　　　李清友

达南君（女）　　　　华　棣（华堤、宋忠华）

杨自健　　　　　　　杨林宝　　　　　肖　洛

肖国瑞　　　　　　　汪　明　　　　　张　迈（张　曼）

张　炜　　　　　　　张　超　　　　　陈师节（女）

陈延武　　　　　　　陈珍章　　　　　陈聆群

余　进（余　静，女）陆志华　　　　　沈松寿

沈家俊　　　　　　　佟　敏（佟　明，女）

杜　高　　　　　　　邱　鹏　　　　　金　涛（尹桂海）

武文璞（女）　　　　周　均　　　　　周　琳（周承录）

周　群（女）　　　　郑仲英（女）　　宗　弼

赵士贤　　　　　　　柳　豁（女）　　洪友龙

郭　明（郭明山）　　郭镜心（女）　　秦德声

唐佑文　　　　　　　殷国豪　　　　　凌　映（女）

黄　川（黄安娜，女）黄云娜（黄云卿，女）

崔　达（崔达斯）　　阎正华　　　　　阎毅千

程家秀　　　　　　　温宗明　　　　　韩乐业

路　力　　　　　　　管荫深　　　　　戴　安

戴永芳（戴芸芸，女）戴坚平（女）

五、进驻上海工作时参加新旅的团员（1949年5月—1952年5月）

于　欣（女）	卫　华（王忠昌）	马自慧（女）
王　恒	王丕争（王玉贞）	王家林
王金水	王莲芬	方　玉
方　园	孔令章	车健民
叶　倩	孙学兰	吕伯克
李岚（女）	李　沙	李玉芬（女）
李光耀	李传宝	李传禄
李恩忠	李道义	李耀新
邢小沪（女）	邢小林（女）	吉振华
吕士国	伍鄂阳	庄树全
吴庆迟	吴逸亭	汪秋娥（女）
张　均（张承颜，女）	张玉明	张吉声
张远文	张承明	张明心
张洪波（张五金）	陈加林	陈华华（女）
陈志明	陈琳琳（女）	陆　德（陆增德）
范政和	谷斯涌	周　然
郑　韵（女）	赵鼎贞（女）	姚尉瑜
胡　醒	胡晶瑶（女）	柳荣森（柳荣生）
钟宛文（女）	施亚贤（女）	宫丰丰
徐　衡（女）	徐忠国	徐祖彭
郭俊杰	唐南宁	唐耀兄（唐耀松）
秦佩英（女）	顾新生	顾振遐
袁增瑜	黄　进（黄炳枢）	黄亚杰

黄正刚	章力挥（章丽辉）	梁培基
阎立国	盛　捷（女）	游惠海
尉竹侠	蒋广森	蒋美玲（女）
潘世衍	程艾山	傅文棣（傅爱娣，女）
蒋白菰	鲍　倩（女）	慎重九
简志光	廖冬青	

六、尚未查明参加时期的团员

王　洁（女）	王嘉鳞	左世香
左言传	田玉能	史　今
朱　勺	刘　刚	刘善福
刘志加	余涂杰	言　汉
张　涛	陈　沧	陈　范
陈　萍	陈少华	陆　传
克　清	尚　路	周　文
周　萍	周洁学	周日希文
封光德	赵　文	恩　勇
钟志成	徐　明	徐亚男
袁立华（女）	葛　虹	